我们从哪里来？我们走向何方？中国到了今天，我无时无刻不提醒自己，要有这样一种历史感。

——习近平

摘自习近平总书记在北京会见第二届“读懂中国”国际会议外方代表时的谈话（《人民日报》2016年1月5日）

读懂中国

读懂中国丛书

读懂中国丛书

治理什么样的国家，怎样治理国家？

李君如　著

CIPG | China Foreign Languages Publishing Administration 中国外文出版发行事业局
外文出版社 FOREIGN LANGUAGES PRESS

总　序

郑必坚

读者面前的这套丛书，有一个总题目，叫做：读懂中国。

为什么要提出“读懂中国”的问题呢？

你看，当今世界发生的变化，可谓天翻地覆，令人目不暇接。最大的变化，莫过于中国。

从20世纪中叶新中国成立以来，特别是最近这40年时间，就使一个多达十三亿多人口的贫穷落后的东方大国，实现了跨越式大发展，迅速成为世界第二大经济体。

人们自然会问：在中国，究竟发生了什么事情？中国快速发展的奥秘究竟是什么？

人们自然也会问：一个正在强起来的中国，和世界怎么相处？

于是乎，问题套问题，疑虑叠疑虑，“中国威胁论”、“中国崩溃论”，“修昔底德陷阱”、“中等收入陷阱”，这“论”那“论”，这“陷阱”那“陷阱”，纷纷指向中国。

毫无疑问，中国人应当坚定不移地走自己的路，把自己的事情办好。而这本身就包含着，为了回答人们的关切、问题和疑虑，必须做好一件事:“读懂中国”。

为此，由我主持的国家创新和发展战略研究会发起，联合中国人民外交学会，和国际知名智库“21世纪理事会”合作，在2013年11月和2015年11月先后举办了两届“读懂中国”国际会议。

这两次重要的国际会议，得到了中共中央总书记、国家主席习近平的重视和支持，亲自到会同与会外国嘉宾座谈。国务院总理李克强和副总理张高丽分别出席了第一届和第二届会议，并在会上作了开幕演讲。中共中央和国务院许多部门的领导同志，也到会同来自世界各国的政要和专家学者进行面对面的交流，回答大家提出的问题。

会议取得的成功，给我们的最大启示是：只要直面问题，只要心诚意真，只要实事求是且生动具体地讲好中国故事，讲好中国共产党的故事，讲好中国和世界相处的故事，将大有利于关心中国的人获得新知，怀疑中国的人逐步释惑。

为此，我们设想，把“读懂中国”的国际会议搬到书本上，搬到视频上，搬到网络上，在更大的场合，用更加生动的形式，回答人们的关切、问题和疑虑。

这一设想，不仅得到了有关部门的大力支持，不仅得到了中国外文局和外文出版社的大力支持，而且得到了一批对这些问题有亲身实践经验和较深研究的专家学者和领导同志的大力支持，为丛书撰稿。

这就是读者面前这套丛书的由来。现在编辑出版的还只是这套丛书的第一辑，以后还会有第二辑、第三辑以至更多的好书问世；现在这一辑主要是中国作者的作品，以后还会有其他国家作者的作品。

不仅是丛书，以后还会有配套的电视专题片和网络视频，陆陆续续奉献给大家。

在我们看来，“读懂中国”，包括“读懂中国共产党”、“读懂中国和世界的关系”，是一个宏大的事业。

让我们共同以极大的热情，来关注这一事业、参与这一事业！

2018年3月

目　录

序　言

读懂中国，要读懂历史上的中国，最重要的，还是要读懂当代中国，特别是要读懂习近平时代的当代中国。

记得 2016 年 9 月上旬，我作为中国国际文化交流中心顾问率团出访哈萨克斯坦和土耳其时，有这样的体会：我这次出访的目的，是研究推进“丝绸之路经济带”建设时，如何在“一带一路”沿线国家加强文化交流，促进民心相通。在访问座谈中，我们注意到，对于历史上中国和中亚、西亚人民的文化交流，除了相关学者（比如从事东方学研究的学者）比较关心外，大多数人不仅不那么了解，也不那么关心。他们关心的，主要是今天的中国。所谓“今天的中国”，就是改革开放以来的中国，特别是习近平总书记领导下的中国。关心的问题，也包括今天的中国和毛泽东时代的中国有什么不一样，但更多的是关心中国的市场经济是什么样的市场经济，中国的发展为什么那样快，中国的两极分化是不是西方媒体说的那么突出，中国的腐败为什么那样严重，习近平能否解决，等等。这些问题都是当下中国的问题。

这主要是因为，当下的中国对当下的人而言，关联度最高，关系最密切，因而人们也最关心。生活在中国国度以外的人，想了解当下的中国发生了什么变化，主要想知道中国的发展对自己有没有价值；生活在中国国内的人，感受到自己身上和身边的变化，也想深入了解中国怎么会发生这些变化的。

国内外对当代中国的关心，显然集中在两个问题上：一是 what，即当代中国发生了什么样的变化，以及这些变化应该怎么评价；二是 why，即当代中国为什么会发生这样巨大的变化，经验是什么，或者当代中国存在哪些问题，原因是什么。前一个问题，涉及中国的历史和今天中国的经济、政治、文化、科技、教育、社会、生态、国防等方方面面的问题；后一个问题，更多涉及的是中国的执政党中国共产党的领导，在今天，主要涉及以习近平同志为核心的党中央的领导。

对于习近平时代的中国，特别是对于以习近平同志为核心的党中央的领导，国外已经有一些著作进行了研究和介绍。比如，俄罗斯人民友谊大学教授、政论家塔夫罗夫斯基在执教和接受媒体采访时，经常有人问他："习近平是谁？"于是，他在俄罗斯几个主要报刊撰文，介绍习近平的生平和治国理政思想。2015 年 5 月，为欢迎习近平主席出席俄罗斯举行的世界反法西斯战争胜利 70 周年纪念活动，他在俄罗斯埃克斯莫出版社出版了《习近平：正圆中国梦》，第一次向俄罗斯人民系统地介绍了习近平主席的成长经历和家庭环境、中国梦提出的时代背景和过程，高度评价了习近平主席为实现中国梦提出的一系列新思想新理念新举措，深受读者欢迎。同年 8 月，美国时代出版公司推出的《习近平时代》也受到美国读者的欢迎，这本书的英文版销量 10 万多册，登上美国亚马逊中国历史类图书第一名、全球政治领袖类图书第二名、亚洲政治类图书第三名，是近年来在美国出版销量最大的中国版权图书。这本书的主编是美国纽约大学政治系终身教授、著名国际政治和国际法研究专家熊玠。全书全面介绍了习近平主席的从政经历和他提出的中国梦、"四个全面"[①] 战略布局等一系列新理念新思想新

①"四个全面"，即全面建成小康社会、全面深化改革、全面依法治国、全面从严治党。

战略，并对“中国威胁论”、“中国崩溃论”等作了正面回应。在2016年G20杭州峰会开幕之际，美国《纽约时报》刊登整版彩色广告，祝贺G20杭州峰会和第九次“习奥会”成功举办，同时推介中国时代出版公司出版的两本英文图书《习近平复兴中国：历史使命与大国战略》和《大国领袖习近平：国际视野中的杰出政治家与战略家》。这两本书由哈佛大学费正清中国研究中心研究员、华盛顿伍德罗·威尔逊中心公共政策学者、《毛泽东传》作者罗斯·特里尔主编，中美两国专家联合撰写。它们以历史眼光和全球视野，首次明确提出并详细解析了习近平的历史使命和战略部署，这就是要领导中国完成三大治理——执政党治理、国家治理和全球治理，规避两大陷阱——中等收入陷阱与修昔底德陷阱，实现一大跨越——从发展中国家向发达国家的跨越，实现中华民族伟大复兴；同时，书中还深刻分析了习近平主席领导下的中国未来30年的发展走势和中国将与世界展开怎样的互动这两大课题。这些情况都说明了人们对当代中国的关心，已经突出地集中在以习近平同志为核心的党中央是怎样领导中国、治理中国这一根本问题上来了。2016年3月，中信出版集团推出英国伦敦政治经济学院高级客座研究员马丁·雅克的著作《大国雄心——一个永不褪色的大国梦》，这本书高度评价习近平的一个重大历史贡献，就是重新唤起了中国人民的梦想能力，让整个民族都找到了未来感，让中国人的未来形态变得更加清晰了。

那么，中国国内的情况怎样呢？我们只要稍微留心一下国内的媒体，包括传统媒体和新媒体，就可以注意到党的十八大以来有一个概念已经频频出现在中国的主流媒体和中国共产党的重要文件中，这就是“治国理政”。完整地说，就是“党的十八大以来党中央治国理政新理念新思想新战略”。

打开2016年中国的报纸，不少报纸都设有“治国理政实践”或

“治国理政新理念新思想新战略的实践”的专栏。特别是，这一概念已经出现在一些公开发表的中共中央重要文件和习近平总书记的重要讲话中。比如，十八大后，党中央有关部门提出要学习“习近平总书记的系列重要讲话”，到中共中央办公厅2016年2月28日颁布的关于在全体党员中开展“学党章党规、学系列讲话，做合格党员”的学习教育方案，学习“习近平总书记的系列重要讲话”开始聚焦到学习“以习近平同志为总书记的党中央治国理政新理念新思想新战略”，提出：“着眼加强理论武装、统一思想行动，认真学习习近平总书记关于改革发展稳定、内政外交国防、治党治国治军的重要思想，认真学习以习近平同志为总书记的党中央治国理政新理念新思想新战略，引导党员深入领会系列重要讲话的丰富内涵和核心要义，深入领会贯穿其中的马克思主义立场观点方法。”[①]比如，在2016年7月1日举行的庆祝中国共产党成立95周年大会上的重要讲话中，习近平总书记说：“全党要深入学习马克思列宁主义、毛泽东思想、邓小平理论、‘三个代表’重要思想、科学发展观，深入学习党的十八大以来党中央治国理政新理念新思想新战略，不断提高马克思主义思想觉悟和理论水平，保持对远大理想和奋斗目标的清醒认知和执着追求。”再比如，在2016年10月27日通过的党的十八届六中全会公报中，在评价中央政治局一年来的工作时，讲到“中央政治局高举中国特色社会主义伟大旗帜，坚持以马克思列宁主义、毛泽东思想、邓小平理论、‘三个代表’重要思想、科学发展观为指导，全面贯彻党的十八大和十八届三中、四中、五中全会精神，深入贯彻习近平总书记系列重要讲话精神和治国理政新理念新思想新战略，把握时代大势，回应实践要求”等等。从中我们可以注意到，中国国内对以习近平同志为核心的党中央的关注，日

---

①《人民日报》，2016年2月28日。

益聚焦于“治国理政新理念新思想新战略”。

党的十九大召开后，2017 年 11 月，经党中央批准，中共中央宣传部会同中共中央文献研究室、中国外文出版发行事业局编辑出版了《习近平谈治国理政》第二卷。这是继 2014 年 9 月出版发行的《习近平谈治国理政》一书后，又一部集中反映习近平新时代中国特色社会主义思想及其发展脉络的力作。中央宣传部、中央组织部在《关于认真组织学习〈习近平谈治国理政〉第二卷的通知》中深刻指出：“党的十八大以来，以习近平同志为核心的党中央团结带领全党全国各族人民，推动党和国家事业取得历史性成就、发生历史性变革，中国特色社会主义进入新时代。在治国理政新的实践中，以习近平同志为主要代表的中国共产党人，顺应时代发展，从理论和实践结合上系统回答了新时代坚持和发展什么样的中国特色社会主义、怎样坚持和发展中国特色社会主义这个重大时代课题，创立了习近平新时代中国特色社会主义思想。”① 从中我们可以体会到，习近平新时代中国特色社会主义思想正是来自于治国理政新的实践。

那么，以习近平同志为核心的党中央在治国理政实践和理论这一重大问题上有哪些新的特点新的创造呢？由于这个问题的实质是要研究和回答在今天的中国应该“治理什么样的国家，怎样治理国家”，我们就以此为题，同广大读者作一个讨论。

①《人民日报》，2017 年 11 月 23 日。

第一章

“理解把握当代中国的一把钥匙”

讨论今天的中国应该“治理什么样的国家，怎样治理国家”，就要紧密结合新时代中国的发展要求，研究十八大以来党中央在治国理政新的实践基础上形成的习近平新时代中国特色社会主义思想。今天研究这个问题有一个十分有利的条件，这就是2014年10月由外文出版社在全球发行的多语种图书《习近平谈治国理政》和2017年11月同样用多语种在全球发行的《习近平谈治国理政》第二卷，为我们提供了一个权威的研究文本。

从《习近平谈治国理政》在法兰克福国际书展亮相说起

法兰克福国际书展是全球影响最大的书展。在 2014 年 10 月的法兰克福国际书展上，有一件事轰动了全球图书出版界。这就是，在书展上举行了 2012 年 11 月 15 日刚刚担任中共中央总书记的习近平的著作《习近平谈治国理政》的首发式。此时此刻，隆重推出这部著作，恰逢其时，意义重大。

党的十八大后，世界各国都迫切希望了解新一届中共中央委员会的内外政策。记得 2012 年 12 月下旬，我受命率中国共产党友好代表团去南亚的巴基斯坦、印度、斯里兰卡介绍十八大盛况和会议精神时，所到之处，人们最关心的，就是新一届党中央的政策是什么。在离开巴基斯坦前，我在接受媒体采访时说过："我到巴基斯坦来以后，看到巴基斯坦各界人士都很关注我们的十八大。一讲到十八大，几乎所有人都知道，而且所有人都知道中共十八大对今后 5 年改革发展提出了新的任务，大家都知道十八大选举产生了以习近平同志为总书记的新一届中央领导集体，这是让我非常感动的一件事情。当我介绍十八大精神的时候，他们都是赞不绝口，肯定中国共产党治国理政有方，肯定中国共产党后继有人，肯定中国共产党改革发展的成就将会在十八大以后继续延续下去。尤其是他们对以习近平同志为总书记的党中央寄予非常大的希望，对我们胜利完成交接班任务尤为赞赏。"当时我还介绍说："巴基斯坦的政治家也好，企业家也好，都跟我说，希望中共十八大以后，能够进一步加强中巴的商贸往来、文化交流和其他各方面的建设，他们提了很多很实在的要求，比如希望更多中国企业到巴基斯坦投资，包括中小企业，因为他们现在在许多方面很缺乏，比如能源缺乏，经常拉闸断电。除了这个之外，他们希望加强文化交流，希望我们能够在巴基斯坦办大学，进行更加持久的、深层次的交流。”我们在巴基斯坦遇到的情况，后来在印度、斯里兰卡都遇到了。大家都迫切希望多了解一些中国的真实情况。

在党的十八大召开后不久，在大家迫切需要了解中国共产党内外政策的这种情况下，推出由习近平总书记自己的讲话、文章和批示等编成的著作，等于由中国最权威的声音来介绍十八大后党中央的决策，实在是太高明了。《习近平谈治国理政》一书由国务院新闻办公室会同中共中央文献研究室、中国外文局编辑，由外文出版社以中、英、法、俄、阿、西、葡、德、日等多语种向全球出版发行，在全球范围内引起热烈反响，成为国际社会了解当代中国的重要窗口，寻找中国问题答案的一把钥匙。有一次，我在凌晨接到来自美国一个智库朋友的越洋电话，说他们看到一篇中国比较有影响的人发表的文章，问我是不是中国的政策要变了。我当时就回答说，你说的文章我没有读到过，不知道讲了什么，无法针对这篇文章作评论。我只是要告诉你，要了解中国的政策变还是没变，不要看我们中某某人发表了什么文章、提出了什么观点，也包括不要看我的文章发表了什么样的观点，而要看中央作了什么决定，要看习近平总书记讲了什么话、发表了什么观点，别人的都不算数。现在有一本书，你们应该读一读，研究研究，这本书就是《习近平谈治国理政》。这本书的观点才是党中央的观点。这本书可以告诉你，中国的改革开放大方向没有变。

我从外文出版社了解到，自 2014 年 10 月《习近平谈治国理政》一书在德国法兰克福书展举办首发式以来，外文出版社已与韩国、越南、巴基斯坦、泰国、匈牙利、吉尔吉斯斯坦、意大利、阿尔巴尼亚、蒙古、柬埔寨、捷克、缅甸、波兰、塞尔维亚、土耳其、孟加拉国、印度、尼泊尔、老挝、斯里兰卡、秘鲁、塔吉克斯坦、乌兹别克斯坦、罗马尼亚等国家的一流海外出版机构展开合作翻译出版当地语种版本；与美国圣智学习集团签订了该书中文繁体、英、西三种语言的电子分销协议。

我们从媒体上读到，在2016年11月16日到25日习近平主席对厄瓜多尔、秘鲁、智利进行国事访问，出席在秘鲁利马举行的亚太经合组织第二十四次领导人非正式会议期间，《习近平谈治国理政》秘鲁版首发式于19日在秘鲁国家图书馆举行。新华社发自利马的电讯介绍说，这是根据当地特点在南美洲推出的首个合作翻译版本。中宣部领导出席了首发式，并在讲话中指出：“习近平主席这部著作是理解把握当代中国的一把钥匙，相信随着它的出版发行，将使更多的秘鲁和拉美读者了解习近平主席治国理政的新理念新思想新战略。”截至2017年11月底，该书已经翻译出版了24个语种，全球发行超过660万册。

2017年11月，《习近平谈治国理政》第二卷出版后，许多国家的知名出版机构纷纷表达与我国合作翻译出版当地语种版本的愿望，推进这本书的国际合作翻译出版。这种盛况，在中国对外出版史上从未有过。

各国读者热议《习近平谈治国理政》

两卷《习近平谈治国理政》以多语种出版后，不仅迅速在全球热销，也引起了各国读者的关注和热议。

很多外国读者在购书后都留下了书评，现将外文出版社收集和翻译的书评摘录如下：

——全世界都在关注着中国。在最近的短短20年里，10亿中国人摆脱了贫困，相当于整个非洲人口的总和。同时，在中国也诞生了世界最大的市场，由3亿中上阶层组成，他们拥有积蓄来改善生活。这一切对于中国而言只是刚刚开始。中上阶层人群再增加2亿，这是习主席明确的首要目标，也意味着商品和服务的消费人群将扩大至5亿，约两倍于现在美国的消费者数量。

——我刚刚收到的这本书，囊括了近3年来习主席写的文章，更为重要的是，它阐述了作者的想法和出发点。对大多数消费者而言，恐怕这些没有太多意义，但如果你在中国做生意，或是顺应经济、国家政策行事，那么你将需要这本书。因为坦白地说，当今世界发展最快（不久将是最大）的经济体正是由这个人领导的。

——习主席送自己的独生女来美国上大学，说明了这位伟大的领导人对美国的看法。中美在大多数政治问题上有很多共同利益，这对世界和平而言也是个好兆头。

——这是一本珍贵的书，里面讲述了中华人民共和国国家主席习近平的思想和宣言。文章是从他的演讲和谈话里摘录的，分为79个章节。另外，书中附录有主席的照片共45张，大多是彩色高清的，看起来主要是国家层面的官方照片，还有3张是习主席年轻时期的个人照。这些讲话显示出习主席是一个非常低调务实、审慎明理的人，如果你通晓中国的内政外交的话，可以在这些文章中看到他的坚持不懈和坚定信念。

——一位伟大的领导人写的伟大的书。我们可以从中学到很多，受益匪浅。

——一本非常优秀的书，每个人都需要认真读一下。这本书将改变美国的未来。

为把《习近平谈治国理政》更好地推向全世界，外文出版社还通过在境外组织首发式、研讨会等活动，听取一些国内外学者和政要的评论和建议。他们先后在德国、巴基斯坦、中国台湾、巴西、韩国、越南、秘鲁等国家和地区举办了图书首发式，在柬埔寨、英国、美国、南非、印度、捷克、法国、吉尔吉斯斯坦、埃及等国家举办了研讨会。许多国家的领导人和专家学者在首发式和研讨会上发表了许多精彩的评论。

2014 年 10 月 8 日，《习近平谈治国理政》多语种图书首发式在法兰克福国际书展上举行时，德国前总理格哈德·施罗德在首发式上说，自习近平担任中共中央总书记和国家主席以来，中国政府提出了雄心勃勃的改革计划，涵盖各个领域。《习近平谈治国理政》这本书阐释了习近平主席和中国领导人的立场，能帮助我们理解中国政治。书中提出的中华民族伟大复兴梦想的实现以及一个开放、稳定和富裕的中国，符合欧洲利益。德国汉学家南因果致辞时说，《习近平谈治国理政》一书的发行正当其时。许多外国人希望知道中国领导人如何治理偌大一个国家，且迄今未找到一个令人满意的答案。此时用多语种发行中国国家主席的书籍，并试图对这个问题给予解答，真是令人欣喜。美国中国问题专家库恩评价《习近平谈治国理政》一书具有里程碑意义，它表达和丰富了中国梦。“这本书写的是习近平主席的所思所想，既坦诚又全面，反映了一位爱国者的自豪。”德国一家世界上成立最早的、至今已有百年历史的大型电影制片公司巴贝斯堡（The Babelsberg Film Studio）的首席执行官查理·韦伯斯特先生在阅读了《习近平谈治国理政》德文版图书后，决定购买 100 册书，同时也表示，他第一次看到一个中国领导人如此清晰地阐述中国的未来和对中国梦的解释，他希望能与中方合作，根据书中的内容拍摄一部纪录片。在好莱坞的电影人中，该书的出版也引起极大关注，好莱坞的著名编剧大卫·弗莱曼、《乔布斯》的制片人楚伯都称赞这本书英文翻译得非常好，易懂传神，书中传递出来自中国最高层的声音，有助于帮助他们了解中国未来的发展趋势以及正确理解中国领导人关于中国梦的解释。他们也希望在电影中更多地使用中国元素，与中国电影界开展合作。

2014年12月，在巴基斯坦举办《习近平谈治国理政》英文版首发式时，巴基斯坦政界、军界、外交界、学界和媒体记者等近400人参加活动。巴总统侯赛因亲自出席并致辞，他说，《习近平谈治国理政》这本书全面阐释了中国共产党和政府有效治理国家的理念，阐述了中国政府对具体问题的观点和立场。希望这本书能够帮助读者理解习近平主席领导下的中国共产党和中国政府的执政理念、发展道路和外交政策。

2015年4月，在英国书展期间举办的《习近平谈治国理政》英文版推介会上，曾访问中国30多次的英国前副首相普雷斯科特表示，《习近平谈治国理政》的出版，是中英两国增进相互了解的又一重要进展，并具有全球性意义。著名社会学家马丁·阿尔布劳在发言时说："本书不仅仅是关于治国理政，更重要的是，它代表了一整套的可以用于建立持久秩序的思想体系。世界需要思想体系，以灵活应对各国和世界面临的挑战。"中国驻英国大使刘晓明说，当前中英关系正处在一个"黄金时期"，《习近平谈治国理政》一书亮相伦敦书展，将进一步促进英国公众更好地了解当代中国，认识当代中国，进而深化中英之间的相互理解与信任。

2015年5月，在美国书展期间，《习近平谈治国理政》英文版研讨推广会成功举办。这是该书在美国图书市场首次进行集中展示推介。美国前国务卿亨利·基辛格为《习近平谈治国理政》研讨推介会写下了这样的贺词："这本书为了解一位领袖、一个国家和一个几千年的文明打开了一扇清晰而深刻的窗口。"美国作家、中国问题专家罗伯特·库恩说："《习近平谈治国理政》一书着重阐述了提高人民生活水平、改革、依法治国以及党建四个方面的内容，而正是这四个方面内容构成了"四个全面"战略布局的核心框架。"中国驻美国大使崔天凯在研讨推介会上表示，《习近平谈治国理政》一书记录了习近平主席和党的新一届领导集体对治理国家的思考和实践，向世界打开了一扇了解当代中国之窗。

2016 年 3 月 21 日，《习近平谈治国理政》研讨会在捷克众议院举行，中捷各界人士 200 余人出席研讨会。众议院副主席菲利普在致辞中表示，习近平主席提出的一系列治国理政新思想新理念新战略，都浓缩在《习近平谈治国理政》这本书中。通过该书，人们可以更好地理解中国梦的内涵，对中国经济发展模式转变有更深刻的认识。

从这些评论中，我们可以获得一些什么样的信息，可以有些什么样的体会呢？

第一，关心中国，了解中国，努力读懂中国，已经成为世界范围内越来越强劲的时代潮流。《习近平谈治国理政》一书在那么多国家引起关注和热议，就是这样的时代潮流的一个表现。

改革开放之初，中国曾经提出过一个口号：“让中国了解世界，让世界了解中国。”现在的许多人可能都难以想象，当年的中国人到国外去求学、找工作，是怎样一种热乎乎的劲头。为了走出国门看世界，当年在北京、上海等大中城市，都有年轻人自发聚集在一起，组织学外文的“英语角”。我有个同事的妹妹，外文不行，就要我给她写几张卡片，一面写的是中文，另一面写的是英文，内容包括问路、买票、找住宿等日常英语。一个小姑娘就这样带着几张卡片出国去了。我还记得，第一次出国时，单位的同事和家里人是多么当一回事，又是换外汇，又是做西装，同事们还在办公室里相互帮助，教你怎样打领带。“让中国了解世界”，就是这样从走出国门开始，从学习世界各国文明成果开始，在中国人通过到国外求学、打工、做生意等方式走进世界、了解世界的同时，中国和世界越来越紧密地联系了起来。

与此同时，这些也推动了“让世界了解中国”的进程。特别是，在“引进来”、“走出去”、全方位开放一步一步推进的过程中，越来越多的外国人，包括政府官员、专家学者、记者、商人、企业家、青年学生、旅游者等，一批又一批来到了中国。正如我们出去的人看到了一个真实的世界一样，外国人也在我们这里看到了一个真实的中国。今天，不论是在发达国家，还是在发展中国家，特别是在“一带一路”沿线国家，年轻人学中文已经成为一种时尚和热潮。在一个讨论人权的国际研讨会上，有位外国学者说，她过去常去上海，正如上海人说的“一年一个样”，她每年看到的都是一个不一样的上海。尽管有的人是戴着有色眼镜来看中国的，认为中国强大了对他们是最大的威胁，但也不得不承认中国的变化是当代世界最了不起的变化。记得在2013年第一届“读懂中国”国际会议上，有位欧洲政要在会上站起来慷慨激昂地说：“中国人老是说要向世界学习，现在到了世界向中国学习的时候了。”诸如此类现象，都表明整个时代潮流的走向已经从“中国了解世界”转到“世界了解中国”。

有意思的是，在“让中国了解世界，让世界了解中国”的同时，中国人在对世界的了解中也更了解中国。许多中国人刚走出国门，为五彩纷呈的世界赞叹，甚至在发达国家的繁华景象下迷失了方向。但是，随着他们对世界的了解越来越广泛，越来越深入，特别是看到中国在改革开放和现代化建设中短短30多年就发生了翻天覆地的变化，其中许多人对中国和世界的认识也越来越深刻。深圳有一位80后出生的青年企业家对我说，他到国外求学后，就留在那里工作，对那里的制度和社会的了解与他在国内和刚出国时相比大不一样了。比如，在美国和欧洲一些国家，城市的基本建设十分落后，还没有人管。又比如，我们这里有官僚主义，办事要送礼，这确实是我们的不足，但在国外生活时间长了，发现我们生活中的这些问题他们也有，只是表现形式不完全一样。他说：“我走了30多个国家，最后还是决定回国创业，不是偶然的，是因为出国后对世界了解多了，对中国了解也深刻了。”这使我们认识到，要读懂中国，不仅外国人要读，中国人也要读。在读懂世界的同时读懂中国，比没有比较的读更有效果。

党的十八大以来，在以习近平同志为核心的党中央形成后，从领导班子集体亮相开始，到中国梦的提出，特别是“老虎”、“苍蝇”一起打[①]，雷厉风行进行反腐败斗争，以及军队改革、“一带一路”倡议、亚投行、丝路基金等重大决策，都在世界范围内产生了强烈的反响。正是在这样的背景下，《习近平谈治国理政》一问世就引人瞩目。大家都期待从这部权威的著作中近距离地了解中国、读懂中国。

第二，讲好中国故事，传播中国好声音，掌握国际舞台话语权，改变中国在世界失语的状况，开始出现了重大的新变化和新进展。《习近平谈治国理政》一书在各个国家读者中引起那么大的关注和热议，意味着中国长期以来在世界失语的状况发生了重大的改变。

中国是一个具有悠久历史的文明古国，但是自世界范围工业革命以来，由于错失了工业化的机会而落伍了。1840 年鸦片战争以来，从落后挨打开始，丧权辱国，山河破碎，一步一步成为遭世界上所有列强欺凌的经济文化落后的半殖民地半封建国家。1949 年，中华人民共和国成立，正如毛泽东当年宣布的“占人类总数四分之一的中国人从此站立起来了”[②]，多少年来，中国和中国人在世界上被人看不起的局面由此发生了根本的变化。特别是中国人民志愿军在抗美援朝中，把用现代化装备武装起来的美国主导的“联合国军”逼到谈判桌上，中国人民挨打的历史才结束了。

但是，由于中华人民共和国成立后，在冷战的历史条件下，长期以

---

① 2013 年 1 月 22 日，习近平总书记在第十八届中央纪律检查委员会第二次全会上的讲话中指出，要坚持“老虎”、“苍蝇”一起打，既坚决查处领导干部违纪违法案件，又切实解决发生在群众身边的不正之风和腐败问题。要坚持党纪国法面前没有例外，不管涉及到谁，都要一查到底，决不姑息。“老虎”比喻的是级别比较高的腐败干部，“苍蝇”比喻的是级别比较低的腐败干部。

② 毛泽东：《中国人从此站立起来了》，《毛泽东文集》第 5 卷，人民出版社，1996 年版，第 343 页。

来处于外部封锁的环境之中，这种封锁不仅是经济的，而且是文化的和舆论的，中国的声音传播不出去，世界各国人民只能通过西方媒体铺天盖地的歪曲的报道了解中国，我们在世界范围内没有话语权。就是在恢复了在联合国的合法席位后，中国也只是拿到了可以发出自己声音的麦克，掌握不了舆论的话语权和主导权。这种情况到中国改革开放后才一步一步得以扭转，一个重要的标志就是邓小平两度成为美国《时代周刊》的新闻人物。在邓小平成为该刊1985年的年度新闻人物时，出版者在序言中是这样写的："从一九二七年以来，《时代》杂志总要对过去一年当中的重要人物或重大事件作一番评选，不论其是好是坏，只要对于世界的进程产生过巨大的影响作用，均在评选之列。在评选第五十九年度的'新闻人物'时，编辑们曾考虑将诸如朝气勃勃的苏联新领导米哈伊尔·戈尔巴乔夫，被囚禁的南非黑人领袖、反对种族隔离的象征尼尔逊·曼德拉，为救济非洲灾民而举行音乐会进行募捐的巴勃·格尔多夫为头版的新闻人物。编辑们不为内容庞杂的日常新闻所束缚，最后重点研究了对历史产生巨大潜在影响的事件：中国进行的全面经济改革。这场改革是对马克思主义教条派的挑战，对十亿中国人民的生产力是一种解放。有鉴于给中国带来了如此巨大的变革，中国领导人邓小平成了《时代》杂志一九八五年的年代新闻人物。"[①] 这件事的意义，就在于邓小平的声音、中国的声音不仅传播到了世界，而且开始进入了国外的主流媒体。但从总体来看，中国在国际舞台上的声音还不响，传播能力尤其低下。记得1993年后，中央有关部门和中央电视台下了很大功夫推进"上星"工程（建立了中国的卫星电视系统），创办中国报纸海外版，加大中国图书翻译出口力度，但是，卫视落地和在海外发行报刊图书在许多西方国家遇到很大的障

① 杨鹏翔：《伟大的改革家邓小平》，中国新闻出版社，1989年版，第295页。

碍。这说明增强中国的海外传播力，掌握国际舞台的话语权，是一项十分艰巨的工作。

党的十八大以来，习近平总书记十分重视国际舆论，提出要向世界讲好中国故事，唱响中国好声音，增强国际话语权。他本人首先身体力行，每次出访前都在要访问的国家媒体上发表署名文章，阐述中国观点和中国政策。与此同时，中国图书出口额大幅度增加，中国学者在国外杂志发表的论文数量更是倍增，尤其是中国制作的优秀电视片和电影已经成为世界影视市场的生力军，受到各个国家广大观众的喜爱。《习近平谈治国理政》在各个国家那么受欢迎，更是表明中国在世界失语的状况已经得到明显的改变。

第三，世界人民关心中国，国际社会关注中国，最重要的，是关心和关注中国共产党要把中国治理成为一个什么样的国家、怎样治理这样一个发展中大国。《习近平谈治国理政》一书那么受欢迎，其中一个重要的原因就是书名特别抢眼、主题特别吸引人，点到了国际社会对习近平时代中国最为关心的一个问题。

中国的改革开放，在国内和国际社会都公认是一场伟大的而且崭新的革命。因此，中国在改革的关键时刻出台任何一个政策，都会受到大家的关注。特别是在中共中央领导人换届以后，对新一届中央领导会作出什么样的决策，大家更为关心。事实上，这不是中国特有的现象，而是国际政治的一个特点，每一个国家领导人更换都会引起大家的关注。中国作为世界上最大的发展中国家，在国际社会中具有举足轻重的地位，又处在改革开放年代，中国的走向更容易为世人瞩目。关注《习近平谈治国理政》，就是关注中国政治的走向。

而治国理政问题之所以更引人注目，还因为中国改革开放以来，一方面取得了举世瞩目的进步和成就，另一方面也积累了许多矛盾和问题。在经济发展问题上，党中央在十七大前就已经强调指出中国发展的不平衡、不协调、不可持续问题十分突出，提出要以科学发展为主题，以加快经济发展方式转变为主线，更加注重以人为本，更加注重全面协调可持续发展，更加注重统筹兼顾；在改革问题上，十八大前，从地方到中央，呼唤深化改革的声音就已经十分强烈，国有企业改革、市场体系改革、土地制度改革、户籍制度改革、财税制度改革、金融制度改革、社会保障制度改革、医疗卫生制度改革、教育制度改革、政治体制改革等问题都已经提出；在稳定问题上，如何在改革发展中进一步化解各方面矛盾、减少群体性事件、建设中国特色社会主义社会管理体系、构建社会主义和谐社会等问题，都已经急迫地被提上议事日程；在国家治理问题上，怎样在坚持中国特色社会主义道路和理论体系的同时，更好地坚持和完善中国特色社会主义制度，在党的十八大前也已经被提到是否“高举旗帜”的全局地位。与此同时，针对党所面临的“四大考验”、“四种危险”①，怎么坚持“党要管党、从严治党”的问题也前所未有地凸显了出来。这些问题，互相联系，极其复杂，不仅聚焦到“治国理政”这个关键词上，而且突出地、尖锐地、急迫地摆在党的十八大后形成的以习近平同志为核心的党中央面前。因此，党的十八大报告强调指出：发展中国特色社会主义是一项长期的艰巨的历史任务，必须准备进行具有许多新的历史特点的伟大斗争。

至于十八大后，党中央面临的国内外环境更严峻。我们常讲的“两个一百年”②奋斗目标，其中，近期目标就是从十八大起到2020年，全面建成小康社会。时间只有8年，按天数算，也不到3000天。而从世界经济来看，已经延续8年多的国际金融危机，及其带来的全球经济

①“四大考验”：长期执政考验、改革开放考验、市场经济考验、外部环境考验。“四种危险”：精神懈怠的危险、能力不足的危险、脱离群众的危险、消极腐败的危险。

②“两个一百年”：到2021年中国共产党成立一百年时，全面建成小康社会；到2049年中华人民共和国成立一百年时，把中国建设成为富强民主文明和谐的社会主义现代化国家，实现中华民族伟大复兴的中国梦。

增长乏力的情况何时有转机，至今看不到头，贸易保护主义却开始抬头，对中国经济发展特别是对外开放带来了严重的挑战。从地缘政治和中国周边环境来看，美国在亚太“再平衡”旗号下，或亲自出马，或挑唆中国邻国，给中国制造各种各样的麻烦，妄图遏制中国和平发展，让我们吞下损害中国主权、安全和发展利益的苦果。从国家安全来看，政治安全、国土安全、军事安全、经济安全、文化安全、社会安全、科技安全、信息安全、生态安全、资源安全、核安全等相互联系，特别是传统安全和非传统安全相互交织，给国家安全形势带来了十分严重的挑战。从国内经济发展态势来看，已经形成改革开放以来没有过的经济新常态，经济运行的固有矛盾没有缓解，总需求低迷和产能过剩并存的格局尚未根本改变，经济下行压力还在加大，推进供给侧结构性改革难度也大。从社会建设和生态文明建设来看，基本公共服务对老百姓“欠账”过多，大气污染、水污染、土地污染问题要经过很长时间坚持不懈的努力才能解决。从思想文化领域来看，各种社会思潮此起彼伏，价值取向多元化，特别是“虚拟”世界的管理遇到从来没有过的新问题，国际交流中形成强有力的文化软实力还需要经过长期的努力和奋斗。从反腐倡廉形势来看，在形成“不敢腐”的震慑力后，解决“不能腐”、“不想腐”还须时日，干部队伍中出现“不作为”等新问题影响了工作效率，严肃党内政治生活、净化党内政治生态更要久久为功、持续努力。诸如此类斗争，是对中国共产党新的严峻考验。这些考验，有的是十八大之前已经存在，现在更复杂更严重；有的是十八大时有所预料的，但是问题的严重性超出了我们的想象；有的是十八大时没有预料到的，现在不仅发生了，而且发展很快。因此，十八大后，习近平作为党的总书记和国家主席，他在治党治国治军、内政外交国防中的一举一动，都格外引人注目。

《习近平谈治国理政》一书的出版，使得大家能够更全面也更准确地了解党中央治国理政新实践基础上形成的习近平新时代中国特色社会主义思想。2017 年 12 月 5 日至 7 日，中国驻南非大使馆分别在比勒陀利亚、开普敦举行了两场“习近平新时代中国特色社会主义思想研讨会暨《习近平谈治国理政》第二卷书评会”。会上，南非官员、专家、学者高度评价这部书拥有“超越黄金的价值”，是“所有政党的卓越指南”。正如我们在前面已经介绍过的，基辛格说：“这本书为了解一位领袖、一个国家和一个几千年的文明打开了一扇清晰而深刻的窗口。”

值得重视的全书构架

2014 年 10 月出版的《习近平谈治国理政》这部著作，收入了习近平总书记 2012 年 11 月 15 日至 2014 年 6 月 13 日这段时间内发表的 79 篇重要讲话、谈话、演讲、答问、批示、贺信等，主题很明确，就是“治国理政”。书是由外文出版社出版的，向全世界发行。如前所说，这部著作为世界各国了解中国走向，避免误读中国政策，提供了最权威的文本。

我们在读《习近平谈治国理政》时，要注意到全书在文章编排上有一个经过研究的逻辑结构。这个结构，作为一个文章的编排结构，也就是思想理论的叙述结构，而其体现的就是思想理论各个观点相互联系的逻辑结构。因此，可以成为我们研究党中央治国理政新实践基础上形成的习近平新时代中国特色社会主义思想的重要文本和重要依据。

全书共有 18 章，依次为：“坚持和发展中国特色社会主义”，“实现中华民族伟大复兴的中国梦”，“全面深化改革”，“促进经济持续健康发展”，“建设法治国家”，“建设社会主义文化强国”，“推进社会事业和社会管理改革发展”，“建设生态文明”，“推进国防和军队现代化”，“丰富‘一国两制’实践和推进祖国统一”，“走和平发展道路”，“推动构建新型大国关系”，“做好周边外交工作”，“加强和发展中国家团结合作”，“积极参与多边事务”，“密切党同人民群众联系”，“推进反腐倡廉建设”，“提高党的领导水平”。

在研究这个结构时，要注意到五个问题：

第一，这部著作收入的文献截止到2014年6月13日，这以后发表的习近平总书记的重要讲话和文章都还没有收入。因此，习近平在后来阐述的“经济新常态”、“创新协调绿色开放共享发展新理念”、“供给侧结构性改革”、“文化自信”、“军队改革和军委组建”等重要观点还没有收入这部著作，但这些观点都是这部著作关于经济建设、改革开放、文化建设、军队改革等章节的内容，也就是说，它们没有突破这部著作的结构。

第二，这部著作是在贯彻党的十八届三中全会精神的背景下编辑出版的，由于这次全会提出了完善和发展中国特色社会主义制度，推进国家治理体系和治理能力现代化这一全面深化改革的总目标，使我们明确了治国理政的任务，因此在编排上放在经济建设的前面。

第三，这部著作从第四章到第八章的编排是按照经济、政治、文化、社会、生态文明的次序编辑的，体现了“五位一体”的中国特色社会主义事业总布局，但当时还没有概括“四个全面”战略布局，因此，在研究党中央治国理政新理念新思想新战略的布局时，必须把这个战略布局纳入其中。

第四，这部著作是由外文出版社向国外推出的习近平总书记著作，因此突出了国际战略和外交工作，从第十一章讲和平发展道路开始，在第十二章到第十五章设置四章，分别阐述了中国共产党和中国政府的外交总布局，但没有突出“一带一路”和“人类命运共同体”的内容。

第五，这部著作是在全党开展群众路线教育实践活动和反腐败斗争的重要时机推出的，因此，关于党的领导和党的建设，从第十六章到第十八章共设置了三章。

2017 年 11 月出版的第二卷《习近平谈治国理政》的结构既坚持了第一卷的大逻辑，又完善了这一逻辑。第二卷收入的是 2014 年 8 月 18 日至 2017 年 9 月 29 日的重要著作，包括讲话、谈话、演讲、批示、贺电等 99 篇。全书共设 17 个专题，分别为:（1）坚持和发展中国特色社会主义，实现中华民族伟大复兴的中国梦;（2）决胜全面建成小康社会;（3）将改革进行到底;（4）建设社会主义法治国家;（5）推动全面从严治党向纵深发展;（6）坚定不移贯彻新发展理念;（7）适应、把握、引领经济发展新常态;（8）发展社会主义民主政治;（9）坚定文化自信;（10）在发展中保障和改善民生;（11）建设美丽中国;（12）开启强军兴军新征程;（13）坚持“一国两制”，推进祖国统一;（14）推进中国特色大国外交;（15）坚持和平发展，促进合作共赢;（16）促进“一带一路”国际合作;（17）推动构建人类命运共同体。这个布局结构把我们上面所讲的问题都解决了，尤其是突出了“四个全面”战略布局和外交总目标是要构建人类命运共同体等新思想。

综合这两部著作收入的文献及其编辑结构，我们可以看到，这两部著作实际上是按照“坚持和发展中国特色社会主义”、“实现中华民族伟大复兴的中国梦”、“‘四个全面’战略布局”、“‘五位一体’总体布局”、“推进国防和军队建设”、“丰富‘一国两制’实践和推进祖国统一”、“走和平发展道路和构建人类命运共同体”、“坚持党的领导和全面从严治党”这八个板块构建起来的。

之所以要研究《习近平谈治国理政》这部著作的逻辑结构问题，是因为从中我们可以认识到，习近平新时代中国特色社会主义思想在治国理政新实践中形成的新理念新思想新战略，是一个具有丰富内容并有内在逻辑联系的科学思想体系。

作为一种学术研究和理论思考，党中央的治国理政新理念新思想新战略应该包括如下主要内容：

（1）坚持和发展中国特色社会主义，增强对中国特色社会主义的道路自信、理论自信、制度自信和文化自信。这是党中央治国理政的纲。

（2）为实现“两个一百年”目标和中华民族伟大复兴的中国梦而奋斗。在民族复兴大局中，丰富“一国两制”实践和推进祖国统一。这是党中央治国理政的奋斗目标。

（3）坚持以人民为中心的发展思想，以创新、协调、绿色、开放、共享的发展新理念，适应、把握、引领经济新常态，保持国民经济持续健康发展。这是党中央治国理政的中心任务。

（4）坚持经济、政治、文化、社会、生态文明建设“五位一体”全面发展，坚持全面建成小康社会、全面深化改革、全面依法治国、全面从严治党这“四个全面”协调推进。这是党中央治国理政的总体布局和战略布局。

（5）强调全面深化改革是发展的强大动力，在全面深化改革中完善和发展中国特色社会主义制度，推进国家治理体系和治理能力现代化。这是党中央治国理政的根本动力和实现制度现代化的总目标。

（6）坚持全面依法治国，建设社会主义法治国家。这是党中央在治国理政中提出的实现国家长治久安的法治保证。

（7）培育和弘扬社会主义核心价值观，推进中华民族优秀传统文化的创造性转化和创新性发展，建设社会主义文化强国。这是党中央在治国理政中提出的实现国家长治久安的思想文化保证。

（8）坚持总体国家安全观，加强国防和军队建设，走中国特色国家安全道路。这是党中央在治国理政中提出的实现国家长治久安的安全保证。

（9）坚持走中国和平发展道路，实施外交总布局，参与全球经济治理，共同建设“一带一路”，构建人类命运共同体，促进世界和平。这是党中央在治国理政中提出的实现国家长治久安的国际环境保证。

（10）坚持党的领导，全面从严治党，反腐倡廉，密切党群关系，严肃和规范党内政治生活，增强党的领导和执政能力。这是党中央在治国理政中提出的实现国家长治久安的根本政治保证。

在习近平新时代中国特色社会主义思想指导下，党中央十八大以来在治国理政实践中形成的新理念新思想新战略不只是这十个方面，但仅仅从这十个方面的主要内容，就可以看到这一新理念新思想新战略具有丰富的科学内涵和核心要义。其中，前五个讲的是治国理政的纲领、目标、中心任务、布局和动力，后五个讲的是实现目标任务的保证，包括法治保证、思想文化保证、安全保证、国际环境保证和根本的政治保证。显然，这是一个具有内在逻辑联系的科学思想体系。

综上所述，两卷《习近平谈治国理政》是理解把握当代中国的一把钥匙，相信随着它们的出版发行，将使中国和世界各国的读者不仅可以更好地了解习近平新时代中国特色社会主义思想，而且可以更深刻地体会到以习近平同志为核心的党中央在“治理什么样的国家，怎样治理国家”这一根本问题上，已经有切合中国实际的深刻思考和系统的思想理论装备。这是中国人民之大幸，中华民族之大幸！

第二章

以“治大国若烹小鲜”自勉

“治理什么样的国家，怎样治理国家”这个根本问题，怎么会成为十八大后以习近平同志为核心的党中央要致力于解决的突出问题呢？这是我们在读懂中国，特别是读懂习近平时代的中国时，首先要研究的一个基础性问题。

中国古代先哲老子的格言

在2014年10月出版的《习近平谈治国理政》这部著作中，有一篇文章的题目是《“治大国若烹小鲜”》。这个题目，不仅把“治国”的问题鲜明地点了出来，而且引用的是中国古代先哲老子的名言，格外引人注目。

老子，是中国古代著名的哲学家和思想家。习近平总书记在讲到德国哲学家雅斯贝尔的《历史的起源与目标》及其提出的人类文明“轴心时代”（即公元前800年到公元前200年）时，把老子列在孔子、庄子之前。“治大国，若烹小鲜”，是老子《道德经》第六十章中的一句名言，讲的就是“治大国”要具备一种如同“烹小鲜”一样高超的治国艺术。老子的国家治理思想非常特别和深奥，强调要“无为而治”。由于对什么叫“无为而治”理解不一，各家各派注家对于“治大国若烹小鲜”也各有各的解释。“小鲜”指的是鱼，应该是形小味美的河鱼。有的认为治理大国很简单，只要“无为而治”，像煎鱼那样把小鱼放到锅里去煎就可以了。有的认为治理大国非常不容易，必须“无为而治”，像烹煎小鱼那样，不能时不时翻来覆去，这样就会把小鱼搞烂了。应该讲，老子的“无为而治”，不是不治，而是在治理时要掌握好火候和时间等问题，不能着急也不能过度，既有为而又不为。因此，“治大国若烹小鲜”这两种解释中，第二种解释显然更符合老子的思想。也就是说，治理一个国家，既要讲认真，不能有丝毫的懈怠，也不能过多地随意地进行人为干预，要有高超的领导艺术和完美的治国能力，让国家机器在既定的宪法和法律规则下有序运转。只有如此，才能达到“一国之政犹一身之治”的崇高的艺术境界。

习近平总书记讲“治大国若烹小鲜”，主要有两次：

第一次，是2013年3月19日在接受金砖国家媒体联合采访时讲到的。这次出访，是习近平总书记在刚刚就任国家主席后的首次出访。行前，在接受金砖国家媒体联合采访中，他讲到了自己的经历、爱好，特别是讲到了自己的治国理念。他说：“我会见一些国家的领导人时，他们感慨地说，中国这么大的国家怎么治理呢？的确，中国有13亿人口，治理不易，光是把情况了解清楚就不易。我常说，了解中国是要花一番功夫的，只看一两个地方是不够的。中国有960万平方公里，56个民族，13亿人口，了解中国切忌‘盲人摸象’。”他还说：“老百姓的衣食住行，社会的日常运作，国家机器的正常运转，执政党的建设管理，都有大量工作要做。对我来讲，人民把我放在这样的工作岗位上，就要始终把人民放在心中最高的位置，牢记人民重托，牢记责任重于泰山。这样一个大国，这样多的人民，这么复杂的国情，领导者要深入了解国情，了解人民所思所盼，要有‘如履薄冰，如临深渊’的自觉，要有‘治大国若烹小鲜’的态度，丝毫不敢懈怠，丝毫不敢马虎，必须夙夜在公、勤勉工作。”①

第二次，是在2013年11月12日党的十八届三中全会第二次全体会议上讲的。这次全会通过了全面深化改革的纲领和路线图，明确了完善和发展中国特色社会主义制度，推进国家治理体系和治理能力现代化，是全面深化改革的总目标。就在论述怎样加强对全面深化改革的领导问题时，习近平总书记指出：“‘治大国若烹小鲜。’我国是一个大国，决不能在根本性问题上出现颠覆性错误，一旦出现就无法挽回、无法弥补。下一步改革将不可避免触及深层次社会关系和利益矛盾，牵动既有利益格局变化。全面深化改革涉及面广，重大改革举措可能

---

① 习近平：《“治大国若烹小鲜”》，《习近平谈治国理政》，外文出版社，2014年版，第409—410页。

牵一发而动全身，必须慎之又慎。”他还说：“我们的政策举措出台之前必须经过反复论证和科学评估，力求切合实际、行之有效、行之久远，不能随便‘翻烧饼’。否则，失之毫厘、谬以千里。当然，稳妥审慎，不能耽误了必须推进的改革。”①

由此可见，习近平总书记在这里引用中国古代先哲老子的格言，并以此自勉，一是强调他所肩负的时代使命是不辜负人民的重托，把国家治理好；二是强调他的治国理念是要以“如履薄冰、如临深渊”的自觉和“治大国若烹小鲜”的态度，认认真真，兢兢业业，积极推进而又科学审慎，把国家治理好。前一点，强调的是为谁而治；后一点，强调的是怎么治理。

从他的这次访谈中，可以注意到，十八大后形成的以习近平同志为核心的新一届党中央，已经清醒地认识到，自己面临的时代课题之一是：治国理政。

从 2012 年 11 月 15 日起步

无论是实践，还是历史，总是有起点的。在我们讨论十八大后党中央治国理政的实践时，不得不把眼光投向 2012 年 11 月 15 日。这是中国共产党新的历史起点，也是中国共产党治国理政新的历史起点。

2012 年 11 月 15 日，这是一个非同寻常的日子。这一天，中国共产党第十八次全国代表大会选举产生的中央委员会，举行了第一次全体会议。出席这次会议的有中央委员 205 人，候补中央委员 171 人。中国共产党第十八届中央纪律检查委员会委员也列席会议。

① 习近平：《切实抓好党的十八届三中全会精神的贯彻落实》，《习近平总书记重要讲话文章选编》，党建读物出版社、中央文献出版社，2016 年版，第 102—103 页。

按照《中国共产党章程》，全会通过投票，先后选举了中央政治局委员、中央政治局常务委员会委员、中央委员会总书记；并根据中央政治局常务委员会的提名，通过了中央书记处成员，决定了中央军事委员会组成人员；还批准了中国共产党第十八届中央纪律检查委员会第一次全体会议选举产生的书记、副书记和常务委员会委员人选。

就在这次全会中，就在11月15日这一天，习近平当选为中央委员会总书记。

2012年，被称为“全球选举年”，共有58个国家的执政党或政府面临换届。其中，包括联合国除英国以外的4个常任理事国，以及韩国、日本、印度、蒙古、法国、希腊、西班牙、委内瑞拉、墨西哥等中国周边国家和一些地区强国。世界上许多智库和专家学者都十分关注中国和这些国家的选举，特别是对最大发达国家美国和最大发展中国家中国这两个国家的选举换届更为关注，人们很难不把这两个大国的选举做一些比较。美国布鲁金斯学会约翰·桑顿中国中心的李成认为，民主之路在国与国之间各有不同，在很大程度上取决于国家的历史文化和社会政治环境。中共高层领导的产生机制，与其特定的党内民主形式相联系，更加符合中国国情。美国智库外交关系委员会高级研究员史蒂芬·唐纳威在评价中共中央十八届一中全会的选举结果时说，新一届最高领导层的诞生，标志着中共再一次按照自己的模式实现了权力的平稳过渡，这已经足以载入史册。欧洲政策中心首席研究员约瑟夫·简宁也认为，中共高层权力交接实现了政策的连续性。

在党的十八届一中全会选举任务完成后，刚刚当选为总书记的习近平发表了重要讲话。这是他在十八大后发表的系列讲话中的第一个重要讲话。

在这次具有历史意义的全会顺利完成全部任务后，习近平总书记带领新当选的中共中央政治局常委李克强、张德江、俞正声、刘云山、王岐山、张高丽集体亮相，来到新闻发布会上，同采访十八大的中外记者见面。

中外记者见面会预定在11时许举行，能容纳500人的人民大会堂东大厅在10点45分已经挤得满满当当。当时，我作为中央电视台的嘉宾，在演播室一边解读十八大精神，一边等候着十八届一中全会的选举结果，并期待着新常委的亮相。

11点53分，主持新闻发布会的十八大新闻发言人蔡名照向大家宣布：“各位记者朋友、各位来宾：大家好！今天上午，中国共产党第十八届中央委员会召开第一次全体会议，选举产生了新一届中央政治局常委。现在会议刚刚结束，我们非常高兴地邀请到新当选的中央政治局常委同中外记者见面。”

11点54分，习近平总书记和新一届中共中央政治局常委健步走到中外记者面前。

11点55分，习近平总书记向大家发表了重要讲话。“女士们、先生们、朋友们：大家好！让大家久等了，很高兴同各位记者朋友见面。”他开口的第一句话，就十分暖心，感动了在场的中外记者。

这就是我们共同走过的历史以及至今仍难以忘怀的动人场景，是我们共同步入的历史新起点——十八大以来以习近平同志为核心的党中央在治国理政中大展宏图的历史起点。而习近平当选为总书记后发表的两个重要讲话，即11月15日上午在十八届一中全会和同中外媒体见面会上发表的两个重要讲话，正是十八大后党中央治国理政新理念新思想新战略的开篇之作。

在十八届一中全会上，他发表的重要讲话具有施政纲领的意蕴。这篇讲话，重点讲了全面贯彻落实党的十八大精神要突出抓好六个方面工作：一是高举中国特色社会主义伟大旗帜；二是加强中国特色社会主义理论体系学习实践；三是全面推进建设小康社会各项事业；四是着力保障和改善民生；五是全面推进党的建设新的伟大工程；六是深化改革开放。这六个方面工作，第一项是总纲。至于为什么新一届党中央要坚定不移高举中国特色社会主义伟大旗帜，习近平总书记强调，这是因为在中国特色社会主义实践中形成的党的基本理论、基本路线、基本纲领、基本经验、基本要求，“是管全局、管方向、管长远的”，只有“咬定青山不放松”，才能“不为任何风险所惧，不为任何干扰所惑”。这是一个极其重要的政治宣示，体现了新一届党中央承前启后、继往开来的决心。这六个方面工作，从第二项到第六项是新一届党中央承担的五大任务。其最大的特点，是突出了党的建设和改革开放。按照中国共产党重要文件的惯例，所有工作讲完之后就讲如何加强党的建设，这是完成各项工作的根本政治保证。但是，习近平当选为总书记后发表的第一个重要讲话，突破了这一惯例，以改革开放压轴。这意味着，党的建设已经确定为新一届党中央要扎实抓的一项重大工作，而所有工作包括全面建成小康社会、保障和改善民生、党的建设，都要在深化改革开放中加以推进。十八大以来这五年的实践，验证了习近平总书记的这一重要讲话展现的正是党中央治国理政的基本思路和基本特点。

习近平总书记同中外媒体见面时的重要讲话，集中表达了新一届中央领导机构对全党和全国各族人民的庄严承诺，讲了三个“责任”：一是对民族的责任，二是对人民的责任，三是对党的责任。其中有一些名句，比如“人民对于美好生活的向往，就是我们的奋斗目标”、“打铁还需自身硬”等，许多文章都加以引用，已经深入人心。特别是习近平总书记在讲话最后说的“我们一定要始终与人民心心相印、与人民同甘共苦、与人民团结奋斗，夙夜在公，勤勉工作，努力向历史、向人民交出一份合格的答卷”，更是打动了所有人的心。由于这个重要讲话是公开讲的，而且是同媒体讲的，已经广为流传，因此，许多人对其深刻的含义缺乏深入的思考和解读。只有当你把这个讲话同习近平总书记此前在党的十八届一中全会上的重要讲话联系起来读一读，就可以更深刻地体会到总书记为什么要讲“责任”和“答卷”，理解“责任”和“答卷”究竟是什么。

显而易见，习近平总书记站在新的历史起点上发表的这两个重要讲话，是不可分割的“姊妹篇”。在十八届一中全会的重要讲话中，讲的是新一届党中央领导机构要干的是什么，在同中外媒体见面时的重要讲话中，讲的是新一届党中央领导机构为什么要这样干以及一定要干成这些事的决心和意志。

同样显而易见的是，新一届党中央领导机构从形成之日起，就已经决定用中国特色社会主义统一思想，围绕全面建成小康社会这一奋斗目标，下定决心，顺应民心，把深化改革开放和全面推进党的建设，作为解决国家治理突出问题的两个主攻方向。

为了深刻理解新一届党中央领导机构的这些思想，我们可以再看一下从 2012 年 11 月 15 日后到 12 月底这一个半月，习近平总书记抓的几件大事及其工作日程：

2012 年 11 月 16 日，在中央军委扩大会议上，习近平当选中央军委主席，实现了中央军委主席的新老交替，标志着新一届中央军委组成。习近平主席发表了把国防和军队建设不断推向前进的重要讲话。

2012 年 11 月 16 日，新华社播发了习近平总书记的署名文章《认真学习党章，严格遵守党章》①，这是他十八大后发表的第一篇文章。他强调指出，党章是党的总章程，集中体现了党的性质和宗旨、党的理论和路线方针政策、党的重要主张，规定了党的重要制度和体制机制，是全党必须共同遵守的根本行为规范。没有规矩，不成方圆。党章就是党的根本大法，是全党必须遵循的总规矩。在各级党组织的全部活

①《人民日报》，2012 年 11 月 20 日。

动中，都要坚持引导广大党员、干部特别是领导干部自觉学习党章、遵守党章、贯彻党章、维护党章，自觉加强党性修养，增强党的意识、宗旨意识、执政意识、大局意识、责任意识，切实做到为党分忧、为国尽责、为民奉献。

2012年11月17日，习近平总书记主持十八大后中央政治局第一次集体学习。在学习中，他明确要紧紧抓住坚持和发展中国特色社会主义这条主线，把它作为学习贯彻十八大精神的聚焦点、着力点、落脚点。与此同时，全面阐述了要深刻领会中国特色社会主义的根本成就，中国特色社会主义道路、理论体系、制度三位一体的构成，中国特色社会主义的总依据、总布局、总任务，夺取中国特色社会主义新胜利的基本要求，确保党始终成为中国特色社会主义事业的坚强领导核心这五大问题。

2012年11月29日，习近平总书记和中央政治局常委李克强、张德江、俞正声、刘云山、王岐山、张高丽等来到国家博物馆，参观《复兴之路》展览。在参观中，习近平发表了重要讲话，提出实现中华民族伟大复兴，是中华民族近代以来最伟大的梦想。这次活动是党的十八大后新一届中央政治局常委们的首次集体亮相。

2012年11月30日，中共中央在中南海召开党外人士座谈会，就当前经济形势和明年经济工作听取各民主党派中央、全国工商联领导人和无党派人士的意见和建议。中共中央总书记习近平主持座谈会并发表重要讲话。习近平总书记在讲话中强调指出，做好明年经济社会发展工作十分重要，要以提高经济增长质量和效益为中心，稳中求进，开拓创新，扎实开局，进一步深化改革开放，进一步强化创新驱动，实现经济持续健康发展和社会和谐稳定。

2012年12月4日，习近平总书记主持政治局会议，审议中央政治局关于改进工作作风、密切联系群众的八项规定。这八项规定是：

（1）中央政治局全体同志要改进调查研究，到基层调研要深入了解真实情况，总结经验、研究问题、解决困难、指导工作，向群众学习、向实践学习，多同群众座谈，多同干部谈心，多商量讨论，多解剖典型，多到困难和矛盾集中、群众意见多的地方去，切忌走过场、搞形式主义；要轻车简从、减少陪同、简化接待，不张贴悬挂标语横幅，不安排群众迎送，不铺设迎宾地毯，不摆放花草，不安排宴请。（2）要精简会议活动，切实改进会风，严格控制以中央名义召开的各类全国性会议和举行的重大活动，不开泛泛部署工作和提要求的会，未经中央批准一律不出席各类剪彩、奠基活动和庆祝会、纪念会、表彰会、博览会、研讨会及各类论坛；提高会议实效，开短会、讲短话，力戒空话、套话。（3）要精简文件简报，切实改进文风，没有实质内容、可发可不发的文件、简报一律不发。（4）要规范出访活动，从外交工作大局需要出发合理安排出访活动，严格控制出访随行人员，严格按照规定乘坐交通工具，一般不安排中资机构、华侨华人、留学生代表等到机场迎送。（5）要改进警卫工作，坚持有利于联系群众的原则，减少交通管制，一般情况下不得封路、不清场闭馆。（6）要改进新闻报道，中央政治局同志出席会议和活动应根据工作需要、新闻价值、社会效果决定是否报道，进一步压缩报道的数量、字数、时长。（7）要严格文稿发表，除中央统一安排外，个人不公开出版著作、讲话单行本，不发贺信、贺电，不题词、题字。（8）要厉行勤俭节约，严格遵守廉洁从政有关规定，严格执行住房、车辆配备等有关工作和生活待遇的规定。这“八项规定”是对中央政治局的作风做规定，内容具体明了，针对性强，体现了新一届中央领导从自己做起、从严治党的要求，在全社会产生了轰动性的反响。

2012 年 12 月 4 日，党中央在人民大会堂召开了“首都各界纪念现行宪法公布施行 30 周年大会”。习近平总书记在大会上发表了重要讲话。他集中阐述的主题是：依法治国是党领导人民治理国家的基本方略，法治是治国理政的基本方式，要更加注重发挥法治在国家治理和社会管理中的重要作用，全面推进依法治国，加快建设社会主义法治国家。实现这个目标要求，必须全面贯彻实施宪法。

2012 年 12 月 7 日至 11 日，习近平总书记第一次离京到地方调研。他轻装简从，来到改革开放前沿广东。在广东省委书记汪洋和省长朱小丹陪同下，他来到深圳、珠海、佛山、广州，深入农村、企业、社区、部队和科研院所进行调研。他表示，这次调研之所以到广东来，就是要到在中国改革开放中得风气之先的地方，现场回顾中国改革开放的历史进程，将改革开放继续推向前进。

8 日上午 9 时许，习近平总书记来到莲花山公园，向伫立在山顶的邓小平铜像敬献花篮。他说，我们来瞻仰邓小平铜像，就是要表明我们将坚定不移推进改革开放，奋力推进改革开放和现代化建设取得新进展、实现新突破、迈上新台阶。离开前，他挥锹铲土，种下一棵高山榕树。从深圳到珠海、佛山、广州，一路上，他反复强调，改革开放是我们党的历史上一次伟大觉醒，正是这个伟大觉醒孕育了新时期从理论到实践的伟大创造。实践证明，改革开放是当代中国发展进步的活力之源，是我们党和人民大踏步赶上时代前进步伐的重要法宝，是坚持和发展中国特色社会主义的必由之路。

与此同时，习近平总书记指出，现在中国改革已经进入攻坚期和深水区，我们必须以更大的政治勇气和智慧，不失时机深化重要领域改革。深化改革开放，要坚定信心、凝聚共识、统筹谋划、协同推进。改革开放是决定当代中国命运的关键一招，也是决定实现“两个一百年”奋斗目标、实现中华民族伟大复兴的关键一招。实践发展永无止境，解放思想永无止境，改革开放也永无止境，停顿和倒退没有出路。我们要坚持改革开放正确方向，敢于啃硬骨头，敢于涉险滩，既勇于冲破思想观念的障碍，又勇于突破利益固化的藩篱。我们要尊重人民首创精神，在深入调查研究的基础上提出全面深化改革的顶层设计和总体规划，尊重实践、尊重创造，鼓励大胆探索、勇于开拓，聚合各项相关改革协调推进的正能量。

当时，媒体醒目地报道说，习近平总书记在广东考察工作期间强调，党的十八大向全党全国发出了深化改革开放新的宣言书、新的动员令，全党全国各族人民要坚定不移走改革开放的强国之路，更加注重改革的系统性、整体性、协同性，做到改革不停顿、开放不止步，为全面建成小康社会、加快推进社会主义现代化而团结奋斗。他在广东考察时说的这些话，后来大部分都写进了党的十八届三中全会关于全面深化改革的文件。

2012 年 12 月 29 日和 30 日，习近平总书记第二次离京到地方调研。这次调研考察的地方是河北省保定市阜平县，重点是考察农村的扶贫开发工作。他在讲话中提出，消除贫困、改善民生、实现共同富裕，是社会主义的本质要求。他强调，没有农村的小康，特别是没有贫困地区的小康，就没有全面建成小康社会。同时指出，农村要发展，农民要致富，关键靠支部。

2012 年 12 月 31 日，习近平总书记主持中央政治局进行第二次集体学习，主题是回顾和学习中国改革开放的历史，要求全党进一步坚定不移推进改革开放。他在学习时指出，历史是过去的现实，现实是未来的历史。要把党的十八大确立的改革开放重大部署落实好，就要认真回顾和深入总结改革开放的历程，更加深刻地认识改革开放的历史必然性，更加自觉地把握改革开放的规律性，更加坚定地肩负起深化改革开放的重大责任。

2012 年 12 月 31 日，习近平总书记主持中央政治局会议，听取中央纪律检查委员会工作汇报，研究部署 2013 年党风廉政建设和反腐败工作。

这是一张非常有意思的日程表。从中我们可以体会到，习近平总书记的这些活动和讲话探讨的根本问题，概括起来就是“治理什么样的中国，怎样治理中国”。在首都各界纪念现行宪法公布施行30周年大会上的讲话中，他在论述在新形势下怎么坚持党的领导时，强调指出要“更加注重改进党的领导方式和执政方式”。他说:“依法治国，首先是依宪治国；依法执政，关键是依宪执政。新形势下，我们党要履行好执政兴国的重大职责，必须依据党章从严治党、依据宪法治国理政。”他还明确指出要“不断推进各项治国理政活动的制度化、法律化”。[①]当时，我刚率中国共产党友好代表团从南亚介绍十八大精神回国，在人民大会堂聆听习近平总书记这一重要讲话，印象尤其深刻。我当时记得最牢的就是16个字:“依据党章从严治党、依据宪法治国理政”。

同时，从这张日程表中，我们可以注意到，从十八大这一新的历史起点起步的治国理政新实践，主线和总纲是坚持和发展中国特色社会主义，目标是实现“两个一百年”奋斗目标和中国梦，中心任务是推动国民经济持续健康发展，基本方略是全面依法治国，主攻方向一是全面深化改革，二是全面从严治党。

可以这样说，2012年11月15日形成的以习近平同志为核心的党中央，对于自己承担的历史责任十分明确，指导思想十分清晰，工作部署十分有章法，攻坚克难的决心和意志也是十分坚定的。

“活跃起来”的挑战

今天，我们为什么要把依法治国理政问题提上重要议事日程？为什

① 习近平:《在首都各界纪念现行宪法公布施行30周年大会上的讲话》,《习近平谈治国理政》，外文出版社，2014年版，第141—142页。

么要研究“治理什么样的国家，怎样治理国家”这个问题？这是中华人民共和国成立以来治国理政长期实践中提出的重大问题，是改革开放以来治国理政新的实践向中国共产党特别是向十八大后形成的以习近平同志为核心的党中央提出的时代课题。

回顾历史，旧中国不仅贫穷落后，而且一盘散沙，但是在毛泽东领导下，中国不到三年就恢复了国民经济，治理了社会的污泥浊水，出现了国泰民安的新气象。总结经验，就是毛主席讲的四个字：“组织起来”。中华人民共和国成立后，在农村土地改革的基础上，从建立互助组、初级合作社开始，逐步把亿万农民群众组织了起来；在企业，通过民主改革和生产改革、建立工会组织，逐步把广大工人群众组织了起来；在广大青少年中，通过建立青年团、少先队和青年联合会等群众组织，逐步把广大青年组织了起来；在妇女中，通过建立妇女联合会，逐步把广大妇女组织了起来；在作家、艺术家、教师和科技人员等知识分子群体中，通过建立各种协会，逐步把广大知识分子组织了起来；在工商界，成立工商联等社会组织，把企业家组织了起来；在城市，通过建立居民委员会、开展扫盲运动等群众工作，逐步把广大市民组织了起来。与此同时，加强了统一战线组织各级人民政协的建设，充分发挥各个党派、各个界别建设新中国的积极性和主动性。就这样，将全中国绝大多数人组织在政治、军事、经济、文化及各种组织里，形成了强大的组织力，既克服了一盘散沙的局面，又调动了人民群众整体的积极性，在经济和社会发展中创造了一个又一个奇迹。

但是，历史就是这样复杂，当组织起来的人成为难以流动的“单位人”时，人民群众的无限创造性被束缚住了。针对这种情况，改革开放一开始，邓小平提出了一个新的国家治理新方针，也是四个字，叫作“活跃起来”，文件语言是“激发社会的生机和活力”。也就是说，在已经组织起来的中国社会中，进一步通过解放思想、解放生产力，解放和增强社会活力，形成一个人民群众可以自由择业、自主创业，充分发挥自己聪明才干，创造自己幸福生活，到处生气勃勃的中国特色社会主义社会。在过去近 40 年改革发展中，中国是举世公认的世界上变化最大、发展最快的一个国家。在 1978 年开始改革开放的时候，中国 GDP 总量是 3645 亿元，人均 227 美元。现在，中国已经成为世界第二大经济体。到 2014 年，中国经济总量为 63.6 万亿元，折合 10.3 万亿美元，人均 7590 美元。根据十八大时的测算，从现在到 2020 年，GDP 年均可望增长 6.5% 到 7%，这就可以比 2010 年翻一番，人均 GDP 超过 1 万美元。事实上，到 2016 年，中国经济总量已经突破 80 万亿元，折合 12 万亿美元。特别是，改革开放以来，中国已经减少 6 亿多贫困人口，成绩巨大，到 2020 年可以实现贫困人口全部脱贫、贫困县全面摘帽。现在，中国遇到了经济下行的压力，从 1978 年到 2010 年，GDP 年均增长 9.98%，持续 30 多年高速增长，这两年开始减速，2015 年第三季度国内生产总值增速甚至跌破 7%，只有 6.9%。但是，这在世界上还是发展最快的，比如，美国 2015 年第二季度同比增长 2.7%，日本第二季度增长 0.8%。特别是，在经济下行的时候，中国出现了就业趋好的势头，到 2015 年第三季度，城镇新增就业 1066 万人，提前完成全年新增就业 1000 万人以上的预期目标，而吸纳那么多就业人口的主要产业是服务业和新兴的网店等。这说明中国的经济结构在向好的方向调整。近 40 年改革开放，中国发生了天翻地覆的变化。溯源这些变化，就在于改革把中国社会内在的生机和活力极大地激发了出来。

历史的辩证法又一次告诉我们，事物总是一分为二的。就在中国发展的同时，出现了许多乱象，各种中华人民共和国成立之初就已经被荡涤的社会污泥浊水，比如卖淫嫖娼、吸毒贩毒、黑社会等，沉渣泛起，特别是党内腐败从滋生到蔓延，引起人们对党运国运的担心。这是改革开放实践向中国共产党提出的严峻挑战。中国共产党是对人民负责的党，对于这样的挑战十分重视。早在这些问题出现的时候，邓小平就针对这种情况提出了一整套“两手抓”方针，包括一手抓物质文明、一手抓精神文明，一手抓改革开放、一手抓打击犯罪，一手抓民主、一手抓法制，等等。其间，由于党内出现对这些问题解决不力、软弱涣散等问题，致使20世纪80年代末90年代初出现政治风波。国内外政治风波发生前后，中国共产党把“两手抓，两手都要硬”作为建设中国特色社会主义的重大方针，接着又提出要处理好改革发展稳定的关系，后来又强调要构建社会主义和谐社会，建设一个活而有序的社会，社会风气和国家面貌发生了很大变化。实践告诉我们，要解决这一问题，不仅要看得准，而且要抓得狠。也就是必须以时不我待的紧迫性、敢于担当的责任心、踏石留印抓铁有痕的魄力和劲头，采取大刀阔斧、雷厉风行的行动，向乱象开刀，果断治乱；就是要形成一整套法律法规、党纪党规，完善和发展中国特色社会主义制度，从根本上治乱。这样，就把建设一个什么样的国家治理体系、怎样治理国家的问题提到了我们面前。十八大报告根据改革开放以来的实践及其提出的这一重大课题，在十七大提出“治国理政”这一命题的基础上，进一步强调“要始终把改革创新精神贯彻到治国理政各个环节”，“法治是治国理政的基本方式”。这就是以习近平同志为核心的党中央所处的时代背景及其肩负的时代使命。

时代提出的课题，也是时代提出的难题。搞活，不能搞乱；治乱，不能治死。不论搞活，还是治乱，都必须有利于并确保“两个一百年”目标的实现。为破解这一难题，十八大以来，以习近平同志为核心的党中央殚精竭虑、夙夜在公，先是统一思想，把全党全国人民的思想认识统一到中国特色社会主义新要求，统一到“两个一百年”和中国梦的奋斗目标上来；继而秉持“治国必先治党，治党务必从严”的理念，从制定“八项规定”开始，中央政治局带头，一手抓群众路线教育实践活动，一手抓惩治腐败，“老虎”、“苍蝇”一起打，改善了党在群众中的形象；接着，制定了“全面深化改革”和“全面依法治国”这两个被称为“姊妹篇”的纲领性文件，把国家治理包括依法治国问题提到了改革总目标的高度。在此基础上，形成了治国理政的新战略，即全面建成小康社会、全面深化改革、全面依法治国、全面从严治党相辅相成、相互促进、相得益彰的“四个全面”战略布局。

从中我们可以清楚地看到，实践在发展，时代在进步，理论也要与时俱进。以习近平同志为核心的党中央治国理政新理念新思想新战略，回答的就是新的实践提出的新的重大课题。我们学习这一治国理政新理念新思想新战略，也是新的实践提出的新任务。

信息网络化提出的课题

在当今世界，像中国这样一个大国的治国理政，已经不能离开这个国家所处的国际环境和时代条件。因此，研究中国的社会主义问题，研究中国的治国理政问题，都不能脱离今天的时代变动特点，远离时代大潮的发展趋势。

今天的世界发生了什么样的变化？今天的时代有什么样的特点？这里我们不可能对世界和平与发展的新变动、地缘政治的新情况作全面的分析，只讲两件事：一件事是，最能够反映经济全球化走向的世界经济论坛，即达沃斯论坛，这两年关注的重点是信息化和低碳化；另一件事是，这两年一个新的论坛突兀而起，吸引了全球的眼光，这就是乌镇峰会，即在中国浙江乌镇举办的世界互联网大会。把这两件事同我们身边的变化联系起来，大家都可以感受到：信息化，在我们的生活中，已经成为这个时代最基本最广泛最深刻的元素。

这里，我们不作抽象的概括，只作具象的描述。也就是说，只要看一看我们身边发生的事，就可以对今天的时代潮流发展走势有所感悟、有所体会。

走进地铁，可以发现，几乎每个人都在低头看手机。有的看新闻，有的读短信，有的看视频，有的玩游戏，也有的在读网络小说。这种景象，10 年前有吗？没有。

走进社区，顺丰、宅急送、中通、申通、圆通、韵达等快递公司的送货车，来来去去。有送信件书籍的，有送吃的穿的，有送家用电器、护肤品的，什么都有送的。这种景象，10 年前有吗？没有。

与快递公司迅速发展相联系的是，淘宝网、天猫商城、京东商城进入亿万家庭生活，网店成为人们购物的首选。这种景象，10 年前有吗？没有。

交手机费、水电费、燃气费，吃冰激凌、麦当劳、肯德基和到饭店吃一顿美味可口的晚餐，买火车票、飞机票，不用带钱包，只要有支付宝或微信就可以了。这种景象，10 年前有吗？没有。

走进家里，家家有电视电脑，家家在上网，这种情况在世纪之交已经出现，但是，现在电视已经和电脑、手机的互联网联网，人们既可以坐在家里用遥控器在电视上或用鼠标在电脑上自主选择看电影、听养生讲座、购物，也可以用手机看电视、电影，用手机微信打视频电话。甚至，既有文字又能显示视频的多媒体图书也可以用手机看了。这种景象，10 年前有吗？没有。

出行坐公交、叫出租车早已成为人们生活的组成部分。现在，“滴滴打车”、“优步打车”又风靡全国，手机一拨车就到。这种景象，10 年前有吗？没有。

至于哪个地方发生了什么事，大到像天津港的大爆炸，小到四川凉山小学生写的“饭做好，去叫妈妈，妈妈已经死了”这样悲伤的作文，都可以通过互联网迅速传遍海内外。这种情况，10 年前有吗？没有。

仅以这几个例子，就可以看到世界发生了多大的变化！这种种变化，概而言之，就是信息网络化，这是现代化在今天最集中的表现。这样的变化，不仅深刻，而且广大，既有正面的影响，也有负面的效应，已经直接传递到老百姓的日常生活领域。研究中国特色社会主义的发展走势，研究当今中国的国家治理，不能不看到日常生活中发生的这些与时代潮流变动相联系的巨大变化。

也就是说，信息化不仅改变了世界的通讯方式，而且深刻地改变了人类的生产方式、生活方式、交往方式。现在，我们一方面享受着信息化时代的好处，另一方面也面对着信息化带来的巨大挑战。黑客攻击、网络窃密、色情网站依附互联网恶性发展，信息化给公共安全、国家安全和执法管理、司法活动出了许多新难题。扁平式的快捷的信息传递方式可以突破纵向管控系统，至于如何维护网络治理的主权，更已成为社会治理和国际斗争中不容忽视的新问题。中国的国家治理必须面对这样的现实。

在这样的时代潮流冲击下，过去那种不重视以人为本的国家治理方式还能保证国家长治久安吗?过去那种垂直的僵硬的行政管理体系还能继续下去吗?过去那种说了可以不做、做了无人监督的局面还能够维持下去吗?换言之，这些变化对执政党提出了什么要求呢?这是我们必须认真思考的。思考的结果，就是党要顺应时代发展潮流，在网络化大潮中更好地坚持以人民为主体，全心全意为人民服务；更广泛地推进民主政治建设，包括发挥互联网在民主政治建设中的作用，扩大公民有序的政治参与；更自觉地推进依法治国，特别是党要更自觉地坚持在宪法和法律范围内活动，尊重和保障人权，接受人民群众的监督；更务实地以保障和改善民生为出发点发展国民经济；更有力地推进反腐倡廉，把权力关进制度的笼子；更努力地维护世界和平，参与全球经济治理，促进共同发展。诸如此类思考，汇总起来，就是一个目标：完善和发展中国特色社会主义制度，推进国家治理体系和治理能力现代化。

从中我们可以清楚地看到，十八大以来党中央治国理政新理念新思想新战略的形成和提出，是今天的信息化、现代化带来的时代大变动大发展向中国共产党提出的时代课题。我们学习习近平新时代中国特色社会主义思想，研究党中央十八大以来治国理政新理念新思想新战略，也是为了赶上这样的新时代、适应这样的新变化，完成我们肩负的时代使命。

历史辩证法的逻辑

一个时代有一个时代的历史使命，一个领导人有一个领导人承担的历史责任。这个使命来自历史的辩证法，这个责任就是尊重历史辩证法。马克思主义早就告诉我们，社会发展是有规律的，经济建设要合乎规律，政治、文化和社会建设都要合乎规律。领导中国这样一个大国，更不能任性，而不顾社会发展的客观规律。领导者的重要作用，就是要在认识社会发展规律的过程中，驾驭其发展的逻辑。

毛泽东之所以能够领导中国革命走向胜利，就在于他做到了这一点。我们读一读他的名著《中国革命和中国共产党》和《新民主主义论》就可以知道了。他以国情为基本依据，揭示近代中国的社会主要矛盾，然后分析中国革命的对象、动力、性质和革命的前途等，再进一步分析这样的革命要建立的国家应该有什么样的政治、经济、文化，走向什么样的目标。学习毛泽东，最重要的就是要学习他研究和解决中国问题的方法论，尊重历史的辩证法。

改革开放以来，中国共产党从中国和世界社会主义运动的历史经验中，进一步认识到，要治理好国家和社会，必须不断深化对共产党执政规律、社会主义建设规律、人类社会发展规律的认识。改革开放之初，我们就提出要清醒地认识到中国现在处于并将长期处于社会主义初级阶段，我们要解决的社会主要矛盾是人民日益增长的物质文化需要同落后的社会生产之间的矛盾。根据这样的认识，我们解决这一社会主要矛盾，就要坚持以经济建设为中心，一面坚持四项基本原则，一面通过改革开放解放和发展社会生产力。为此，就要在改革中突破传统生产关系的束缚，建立和发展社会主义市场经济体制。而要发展市场体系，解决市场经济发展中出现的新问题，就要进一步改革和完善上层建筑，从执政党建设着手，改革和完善党的领导方式和执政方式；进而就要在转变经济发展方式的同时，全面深化改革，进一步解决国家治理体系和治理能力现代化问题，解决国家制度现代化问题，完善和发展中国特色社会主义制度。这就是中国改革的实践逻辑。

党的十九大在总结十八大以来历史性变革的5年治国理政实践时，得出一个极其重要的结论:“经过长期努力，中国特色社会主义进入了新时代，这是我国发展新的历史方位。”① 这是因为，“我国社会主要矛盾已经转化为人民日益增长的美好生活需要和不平衡不充分的发展之间的矛盾。”② 为此，我们要在继续推动发展的基础上，着力解决好发展不平衡不充分的问题，大力提升发展质量和效益，更好满足人民在经济、政治、文化、社会、生态等方面日益增长的需要，更好推动人的全面发展、社会全面进步。这是中国改革实践逻辑在新时代的新展现。

尊重历史的辩证法，就是尊重中国改革的实践逻辑。我们从“文化大革命”走出来后，果断决定工作重点转移，启动改革开放轮子，并

---

① 习近平:《决胜全面建成小康社会，夺取新时代中国特色社会主义伟大胜利》，人民出版社，2017年版，第10页。

② 习近平:《决胜全面建成小康社会，夺取新时代中国特色社会主义伟大胜利》，人民出版社，2017年版，第11页。

在实践中开辟中国特色社会主义道路，形成了邓小平理论，就是这种实践逻辑的作用。在国内外政治风波以后，一面推进以社会主义市场经济为目标的经济体制改革和其他各方面改革，处理好改革发展稳定关系；一面强调要抓好执政党建设，形成了“三个代表”重要思想，是这种实践逻辑的作用。进入21世纪后，强调要加快转变经济发展方式，构建社会主义和谐社会，形成了科学发展观，也是这种实践逻辑的作用。十八大以来，从新的历史起点出发，提出要以坚定的道路自信、理论自信、制度自信、文化自信，为实现中华民族伟大复兴的中国梦而奋斗，统筹推进“五位一体”总体布局，协调推进“四个全面”战略布局，十九大又制定了在全面建成小康社会基础上，分两步走建设社会主义现代化强国的战略任务，并且决定把十八大以来形成的习近平新时代中国特色社会主义思想确立为党的指导思想，同样是这种实践逻辑的要求。掌握了这种历史辩证法，就能够在中国实现社会主义现代化和中华民族伟大复兴。

尊重历史的辩证法，不仅要把“治理什么样的国家、怎样治理国家”这一问题作为坚持和发展中国特色社会主义的重大课题提出来，而且要深入研究今天在治国理政中要解决哪些问题，要处理好哪些辩证的关系。实践告诉我们，在中国这样一个有13亿多人口并有悠久历史文化传统的大国治好国理好政，就要围绕正确把握治国理政的主体和客体各自的内涵及其相互联系的特点，正确处理好治国理政的各个方面的基本关系。特别是，一要正确认识和处理好信仰与理想、目标之间的关系；二要正确认识和处理好治党与治国、治军的关系；三要正确认识和处理好制度与国家治理体系、治理能力的关系；四要正确认识和处理好民主与法治、德治的关系；五要正确认识和处理好党的领导与政府治理、市场治理、社会治理的关系。

从中我们可以清楚地看到，“治理什么样的国家，怎样治理国家”是当代中国社会发展规律向中国共产党提出的时代课题。我们学习习近平新时代中国特色社会主义思想，学习在这一思想指导下的党中央治国理政新理念新思想新战略，就是要学习这种历史发展的辩证法，更加自觉地在中国特色社会主义道路上完成我们承担的历史使命。

第三章

信仰与理想、目标

治国理政是一个主体与客体互动的过程。治理主体的追求、素质和能力，直接关系到国家治理的方向和成效。而治理主体的治国理政水平，不仅取决于其主观能动性，更取决于他们的主观能动性是否符合实际及其内在规律，是否能够以科学的信仰为指导，坚定理想信念，确定正确的奋斗目标。在治国理政中，必须按照习近平总书记的思想理念，正确认识和处理好治理主体的信仰与理想、目标之间的关系。

治理主体的追问和“软骨病”、“缺钙”的警告

治国理政作为一个极其复杂的实践过程，其根本性质不仅取决于治理对象的属性，更取决于治理的主体是谁，取决于主体要实施什么样的治理、达到什么样的治理目标。简单地说，在法国历史上，巴黎公社工人阶级的治国理政和以梯也尔为代表的资产阶级的治国理政，其国家治理的根本性质是完全不一样的。因此，搞清楚治理主体，是研究治国理政首先要搞清楚的基本问题。

我们在这里讨论和研究中国的治国理政问题，也要先追问一下：在当代中国，治国理政的治理主体是谁？

也许有人会认为，这个问题很简单。既然我们在这里讨论和研究中国共产党的治国理政问题，治理主体就应该是中国共产党。如果作出这样的论断，那么问题就来了：中国究竟是一个“党治”的国家，还是一个“民治”的国家？把中国说成是一个“党治”的国家，不仅违背了中国共产党执政的初衷和目的，而且不符合中国共产党领导的改革开放的本质特点，会在人民群众中造成极大的思想混乱，又会在国际社会授人以柄攻击我们。事实是，中国从成立之日起，就叫作“中华人民共和国”。宪法明确规定：“中华人民共和国的一切权力属于人民。”“人民行使国家权力的机关是全国人民代表大会和地方各级人民代表大会。”“人民依照法律规定，通过各种途径和形式，管理国家事务，管理经济和文化事务，管理社会事务。”[①] 因此，中国不是一个“党治”国家，而是一个中国共产党领导的人民当家作主的“民治”国家。

①《中华人民共和国宪法》第一章第二条。

我们治国理政的主体，是中国共产党领导的人民。或者说，是以中国共产党为自己领导核心的中国人民。

需要指出的是，在“民治”之前加上“中国共产党领导的”，强调“人民”是中国共产党领导的或以中国共产党为自己领导核心的，说明中国实行的既不是“党治”，也不是美国所宣称的“民治”，而是中国共产党领导的人民的“民治”，是以中国共产党为自己领导核心的人民的“民治”。这不仅是尊重中国的历史和政治现实，即中国13亿多人民群众是在中国共产党领导下当家作主的，是在中国共产党领导下依法管理国家事务、管理经济和文化事务、管理社会事务的，而且是因为人民拥戴中国共产党，人民从自己的切身体会中认识到中国共产党是人民根本利益的忠实代表，人民把中国共产党作为自己的领导核心。

但是，也正因为治国理政的主体是“中国共产党领导的人民”，问题就复杂化了。从整个党的性质来讲，中国共产党是中国工人阶级的先锋队，同时是中国人民和中华民族的先锋队，是中国特色社会主义事业的领导核心，代表中国先进生产力的发展要求，代表中国先进文化的前进方向，代表中国最广大人民群众的根本利益。这样的规定，是写在中国共产党的党章上的。但这并不意味着每一个党员和党的干部都能够从思想、政治到行动，始终忠实于党，忠实于党章，自觉体现党的这一根本性质及其在各个方面的基本要求。一旦党员干部脱离了群众，甚至把人民群众赋予的权力为谋取自己的私利服务，那么，这些党员干部以“中国共产党领导的人民”的名义进行的治国理政活动，实际上已经改变了中国共产党领导的“民治”的性质，蜕变为“私治”。这种“私治”不是“民治”，也绝不是“党治”。因为中国共产党从来没有自己的特殊利益，也从来不为自己谋取私利。这些为自己谋取私利的“共产党员”，玷污了党的性质和根本宗旨，不是真正的共产党员。他们也绝不能成为我们治国理政的治理主体成员。于是，一个十分尖锐的问题凸显出来了：怎么保证党经过层层挑选委派去从事治国理政实践的党员干部不忘初心，能够始终如一地代表最广大人民群众的根本利益，确保治国理政主体是“中国共产党领导的人民”，而不以“党的领导”和“代表人民”的名义为自己谋取私利？

这样，我们对于在这里讨论和研究治国理政主体这一理论问题的意义，也就更加明确、更加深化了。我们之所以要把治国理政的主体提出来讨论和研究，一是要明确我们治国理政的治理主体是人民，是中国共产党领导的人民；二是要明确中国共产党是人民的领导核心和忠实代表，要为人民执好政、掌好权，要代表和领导好人民治国理政；三是要清醒地认识到，中国共产党中承担治国理政使命的党员干部一旦忘记了初心，背叛了宗旨，就会影响甚至改变我们治国理政实践活动的性质；四是还要严肃地指出，“水能载舟，亦能覆舟”，执政的中国共产党如果不能解决自己的党员干部中存在的脱离人民群众的问题，如果不能在自己的党员干部中牢固树立起“权为民所赋、权为民所用”的马克思主义权力观，就会最终被人民群众抛弃，这绝不是危言耸听。党的十八大以来，习近平总书记一而再、再而三地提出党员干部的思想政治建设问题，一而再、再而三地强调共产党员特别是党员干部要“不忘初心，继续前进”，一而再、再而三地强调要坚定理想信念，即要毫不动摇地坚持马克思主义的根本指导思想，坚持共产主义远大理想和中国特色社会主义共同理想，坚持党的根本宗旨和群众路线，其意义就在这里。

我们大家都可以注意到，习近平总书记主持中央工作后，多次形象地讲到“骨头”问题。在生物学中，我们平常所讲的“骨头”，学名叫“骨骼”。骨骼或骨骼系统是为生物体提供支持作用的生命系统，骨骼的主要成分是磷酸钙。人体缺钙，就会出现骨质疏松，并由此导致许多疾病，甚至得“软骨病”。所以，成年人要有一副健康的体魄，就要高度重视钙的流失问题。得了“软骨病”，缺钙，就要经常补钙。

非常有意思的是，习近平总书记在讲“骨头”的时候，既讲了改革要“啃骨头”，又讲了我们有些人得了“软骨病”。在讲到改革时，他多次风趣地指出，经过30多年改革开放，“好吃的肉都吃掉了，剩下的都是难啃的硬骨头”①。我们今天要深化改革，就要准备“啃硬骨头”。显然，这就要求改革者要有比这种“硬骨头”更“硬”的骨头。然而，我们一些领导干部却不是这样，缺少一副“硬骨头”。习近平总书记说，这样的干部肌体中“缺钙”，他们得了“软骨病”。针对这种情况，他向全党发出了严重警告，强调要把治理干部的“软骨病”、解决党员干部的信仰和理想信念问题提到治国理政的首要地位。

在现有文献中，自党的十八大以来，习近平总书记至少5次讲到党员干部的“缺钙”和“补钙”问题。

第一次，是在2012年11月17日党的十八大后中央政治局第一次集体学习时，习近平总书记那时就已经提出了一些党员、干部“缺钙”的问题。他说，坚定理想信念，坚守共产党人精神追求，始终是共产党人安身立命的根本。对马克思主义的信仰，对社会主义和共产主义的信念，是共产党人的政治灵魂，是共产党人经受住任何考验的精神支柱。形象地说，理想信念就是共产党人精神上的“钙”，没有理想信念，理想信念不坚定，精神上就会“缺钙”，就会得“软骨病”。现实生活中，一些党员、干部出这样那样的问题，说到底是信仰迷茫、精神迷失。因此，他强调指出，全党要按照党的十八大部署，深入学习实践中国特色社会主义理论体系特别是科学发展观，讲党性、重品行、作表率，矢志不渝为实现中国特色社会主义共同理想而奋斗。

---

① 习近平：《改革再难也要向前推进》，《习近平谈治国理政》，外文出版社，2014年版，第101页。

第二次，是在2013年6月28日全国组织工作会议上的重要讲话中，习近平总书记深刻地指出：现在，形式主义、官僚主义、享乐主义和奢靡之风为什么盛行？为什么不断有人沦为腐败分子甚至变节投敌，走向犯罪的深渊？说到底，还是理想信念不坚定。我常说，理想信念是共产党人精神上的“钙”，理想信念坚定，骨头就硬，没有理想信念，或理想信念不坚定，精神上就会“缺钙”，就会得“软骨病”。他还警告我们，理想信念动摇是最危险的动摇，理想信念滑坡是最危险的滑坡。

第三次，是在2014年1月20日党的群众路线教育实践活动第一批总结暨第二批部署会议上，习近平总书记强调指出，坚持党要管党、从严治党，永葆党的先进性和纯洁性，不断增强党的创造力、凝聚力、战斗力，是摆在我们面前的重大课题。党的群众路线教育实践活动，为加强和改进党的建设积累了宝贵经验。群众路线是永葆党的青春活力和战斗力的重要传家宝，必须做到教育和实践两手抓，使马克思主义群众观点深深植根于思想中，真正落实到行动上。理想信念是共产党人的精神之“钙”，必须加强思想政治建设，解决好世界观、人生观、价值观这个“总开关”问题。加强和改进作风建设是保持党同人民群众血肉联系的有效途径，必须聚焦解决群众反映强烈的突出问题，以作风建设新成效汇聚起推动改革发展的正能量。批评和自我批评是清除党内政治灰尘和政治微生物的有力武器，必须以整风精神严格党内生活，着力提高领导班子发现和解决自身问题的能力。讲认真是中国共产党的根本工作态度，必须做到无私无畏、敢于担当，把认真精神体现到党内生活和干事创业方方面面。

第四次，是在2014年10月8日党的群众路线教育实践活动总结大会上的重要讲话中，习近平总书记指出，通过活动，广大党员、干部精神上补了“钙”，进一步认识到人民是历史的创造者，中国共产党来自人民、植根人民，各级干部无论职位高低都是人民公仆、必须全心全意为人民服务；进一步增进了同群众的感情、拉近了同群众的距离，增强了同群众一块过、一块苦、一块干的自觉性；进一步掌握了贯彻群众路线的工作方法，看到了在联系服务群众中的差距，增强了做好群众工作的本领。

第五次，是在 2015 年 12 月 28 日、29 日中央政治局“三严三实”[①]专题民主生活会上的重要讲话中，习近平总书记在总结这次专题教育的进展时说，各地反映，这次专题教育针对性强，对县处级以上领导干部在思想、作风、党性上进行了一次集中“补钙”和“加油”，特别是绷紧了政治纪律和政治规矩这根弦，使深化党风廉政建设有了更加明确的方向。

这五次论党员干部的“钙”，是对中国共产党的一个警告，阐明了三个重要观点：

第一，对马克思主义的信仰，对社会主义和共产主义的信念，对群众路线的坚守，是共产党人的政治灵魂，是共产党人经受住任何考验的精神支柱。形象地说，理想信念就是共产党人精神上的“钙”。习近平总书记论“钙”，论的就是共产党人的信仰和理想信念。

第二，现实生活中，一些党员、干部出现这样那样的问题，说到底是信仰迷茫、精神迷失，就是“缺钙”，得了“软骨病”。在全国组织工作会议上，习近平总书记比较集中地讲了这种“缺钙”和“软骨病”的五种表现：一是有的对共产主义心存怀疑，认为那是虚无缥缈、难以企及的幻想；二是有的不信马列信鬼神，从封建迷信中寻找精神寄托，热衷于算命看相、烧香拜佛，遇事“问计于神”；三是有的是非观

---

① 2014 年 3 月 9 日，习近平总书记在第十二届全国人民代表大会第二次会议安徽代表团参加审议时，在关于推进作风建设的讲话中，提到“既严以修身、严以用权、严以律己；又谋事要实、创业要实、做人要实”的重要论述，称为“三严三实”讲话。

念淡薄、原则性不强、正义感退化，糊里糊涂当官，浑浑噩噩过日子；四是有的甚至向往西方社会制度和价值观念，对社会主义前途命运丧失信心；五是有的在涉及党的领导和中国特色社会主义道路等原则性问题的政治挑衅面前态度暧昧、消极躲避、不敢亮剑，甚至故意模糊立场、耍滑头。习近平总书记论“钙”，针对的就是党员干部队伍中的“缺钙”。

第三，为了完成治国理政大业，必须对县处级以上领导干部在思想、作风、党性上进行“补钙”和“加油”。在全国组织工作会议上，习近平总书记强调指出：“进行具有许多新的历史特点的伟大斗争，实现党的十八大确定的各项目标任务，关键在党，关键在人。关键在党，就要确保党在发展中国特色社会主义历史进程中始终成为坚强领导核心。关键在人，就要建设一支宏大的高素质干部队伍。”① 习近平总书记论“钙”，重要目的就是为了“补钙”。党的十八大以来，党中央坚持全面从严治党，领导全党开展的群众路线教育实践活动、“三严三实”专题教育、“两学一做”学习教育②，就是解决党员和干部“缺钙”问题的重要举措。

综上所述，治国理政是人在治理。研究治国理政，必须研究治国理政的主体——中国共产党领导的人民，特别是中国共产党人的信仰和理想信念。也就是说，我们在研究治国理政主体的时候，不仅要搞清楚国家治理的主体是谁，而且更要高度重视共产党人精神上的“钙”，即广大党员干部的信仰和理想信念问题。

---

① 习近平：《在全国组织工作会议上的讲话》，《习近平谈治国理政》，外文出版社，2014 年版，第 56—57 页。

② “两学一做”学习教育，具体指的是：（1）学习中国共产党党章党规；（2）学习贯彻习近平总书记系列重要讲话精神；（3）做合格党员。

信仰之辨和理想信念

发出“缺钙”的警告，是为了采取“补钙”的行动。要解决党员干部的“缺钙”问题，要“补钙”，就是要解决党员干部的信仰和理想信念问题，坚守共产党人的精神追求。

“砍头不要紧，只要主义真。”这是早期共产党员夏明翰留给中国人民和中国共产党人的遗言，流芳百世。[①]这样的豪言壮语，体现了中国共产党人是在马克思主义的信仰旗帜之下聚集起来的，是坚守马克思主义科学信仰的工人阶级先锋队，是用马克思主义科学信仰武装起来的中国人民和中华民族先锋队。青年毛泽东在寻找救国救民真理的时候，曾经说过:“主义譬如一面旗子，旗子立起了，大家才有所指望，才知所趋赴。”[②]这里讲的“主义”，就是毛泽东在湖南领导思想解放运动、驱张运动、湖南自治运动失败后，在实践中找到的马克思主义，就是我们今天所说的“信仰”。在今天改革开放年代，我们不仅要长期执政，还要发挥市场经济的作用、扩大对外开放。中国共产党要在这样利益格局多元化的历史条件下治国理政，更要求中国共产党的党员干部坚信和坚守马克思主义的科学信仰。

近年来，社会和学界对信仰问题的议论越来越多，许多人对于中国社会存在的信仰缺失问题十分担心。与此同时，在信仰问题上的不同看法和迷茫也越来越多。有的人把信仰等同于宗教信仰，有的人把中国社会中存在的信仰缺失问题归咎于我们的宗教政策，甚至有的党员干部也把信教作为解决信仰问题的出路。这种现象，理所当然引起中国共产党的担忧和警觉。这就是以习近平同志为核心的党中央在治国

---

① 夏明翰（1900 年 8 月 1 日—1928 年 3 月 20 日），中国共产党党员，在被国民党杀害前写下了一首名诗：砍头不要紧，只要主义真。杀了夏明翰，还有后来人。

② 毛泽东:《毛泽东早期文稿》，湖南出版社，1990 年版，第 554 页。

理政中面临的一个不容忽视的重大问题。

这里，首先要说明的是，中国在宗教问题上实行的是“宗教信仰自由”政策，每一个中国公民都有信仰宗教和不信仰宗教的自由，有信仰这个宗教和信仰那个宗教的自由，有信仰宗教的这个教派和信仰那个教派的自由，政府不能干涉公民的个人信仰。同时，中国也强调共产党员是无神论者，选择加入了中国共产党，就不能信仰宗教。那么，共产党员不信仰宗教，是不是共产党员就没有信仰了呢？除了共产党员，中国绝大多数人保持着孔子那个年代以来“敬鬼神而远之”的文化传统，都没有固定的宗教信仰。那么，是不是中国绝大多数人都没有信仰呢？显然，不能那样说。关于信仰，在人类历史上，无论是西方民族，还是东方民族，最初由于对自然界缺乏认识，对雷电风雨等自然现象存在恐惧感以及由此而产生的敬畏感，形成了“神灵”的意识以及对神灵的信仰。这是人类最初的原始宗教信仰。伴随着人类从原始社会进入有私人财产有阶级有国家的奴隶社会，在这种广泛存在的早期原始宗教的基础上，有的国家和地区出现了有神圣的偶像和宗教教义、礼仪规范、道德戒律，并有人专事传播的宗教，与此同时，也发生了各种宗教之间同政治利益相联系的排他性争斗乃至长期而残酷的宗教战争。在中国，在最早的国家夏朝[①]和商朝[②]出现后，早期的原始宗教同国家的权力授受和祭祀活动紧密相连，为国家政治统治服务。但是在商朝被周朝[③]取代之际，即在商朝“天子”地位动摇的时候，早期原始宗教的神秘地位也随之动摇，而以“德”为核心的伦理道德成为国家维护政治统治的主要根据，与此同时，早期原始宗教并未被废除，而是出现了“敬天地奉祖先”和“敬鬼神而远之”并存的

① 夏朝，约公元前 2070—前 1600 年，中国史书上记载的第一个世袭制朝代。

② 商朝，约公元前 1600—前 1046 年，中国史书上记载的第二个世袭制朝代。

③ 周朝，公元前 1046—前 256 年，中国历史上继商朝后第三个世袭制朝代。

社会现象。到了周朝，集权的政治统治式微，从西周[①]转变为东周[②]后，各个诸侯国互相争斗，中国历史进入了著名的春秋战国时期[③]，中国的诸子百家，包括儒家、道家、墨家、法家、兵家等都是在这个时期出现的。为了解释这种前所未有的政治局面，也为了尽快找到解决这种社会动荡的政治方案，以孔子为代表的儒家发展了周朝以"德"为核心的伦理道德体系，形成了以"仁"为核心的思想伦理体系，强调"仁者爱人"、"和为贵"的社会道德，实现"有教无类"的平等教育。这种以"人"为中心的思想道德体系的影响力非常强大，后来经过精心加工，进一步同等级制的纲常体系结合在一起，成为中国维系国家和社会稳定发展的精神支柱。这是中国的早期原始宗教没有转化为像西方那样的宗教的重要历史原因。即使后来中国在政治纷争中，由底层贫民发起的道教也成不了大气候。事实上，中国人的文化传统具有很大的包容性，能够和信仰各种宗教的人和谐相处。特别是，印度的佛教传入中国后，同中国古代文化结合在一起，形成儒道释相结合的独特的中国传统文化。如果把中国人所崇尚的"天人合一"的文化看作是一种信仰，那么它显然不是一种宗教信仰，而是一种文化信仰。所以，绝大多数中国人没有像西方人那样信仰固定的宗教，这是历史形成的，而不是中国共产党的宗教政策造成的。从中我们也可以注意到，绝大多数中国人没有固定的宗教信仰，不等于中国人没有信仰，更不能说中国人是西方有些人诬蔑的那种只讲物质利益而没有精神追求的"野蛮人"。中国人对"天人合一"的崇尚，对"和为贵"的推崇，对"天下为公"的追求，就是中国人的信仰。

中国共产党人更不是一群没有信仰的人，而是有自己始终不渝的

---

① 西周，公元前 1046—前 771 年，以镐京（今陕西西安西部）为都城。

② 东周，公元前 770—前 256 年，以洛邑（今河南洛阳）为都城。

③ 春秋战国时期，公元前 770—前 221 年，其中，以公元前 476 年为界，分为春秋时期和战国时期。

追求和崇高信仰的中国工人阶级的先锋队、中国人民和中华民族的先锋队。须知，共产党人的信仰，不是哪一种宗教信仰，而是建立在对人类社会发展规律深刻认识基础之上的科学信仰。要问中国共产党人信什么，就是信仰马克思主义。人类的信仰是一种对未来美好幸福生活的热切向往，但只有建立在对人类社会发展规律认识上的美好生活的向往，才是科学的信仰。马克思的贡献，就是认为不仅自然界有自身的发展规律，人类社会也有不以人的意志为转移的客观规律。他强调指出，人类社会是在生产力和生产关系、经济基础和上层建筑的矛盾运动中，不断地由低级阶段向高级阶段发展的；推动历史前进的根本力量是人民群众。马克思把这一社会发展的规律称为“唯物主义历史观”。他用这种唯物主义历史观和方法论分析了资本主义社会，指出资本主义生产关系与生产力的矛盾，集中表现为资本家阶级与无产阶级的矛盾，资本家阶级就是通过占有无产阶级创造的剩余价值，来实现和巩固自己的政治统治的。正如恩格斯所说的：“这两个伟大的发现——唯物主义历史观和通过剩余价值揭开资本主义生产的秘密，都应当归功于马克思。由于这两个发现，社会主义变成了科学。”[①] 与此同时，马克思还指出，资本主义社会的生产关系与生产力之间的矛盾，只有通过工人阶级和广大人民群众的斗争，建立同社会化生产力相适应的，能够让人类过上美好幸福生活的社会主义和共产主义的生产关系，才能从根本上解决资本主义社会的基本矛盾。中国共产党信奉的马克思主义，就是这样一种建立在对人类社会发展规律认识基础之上的科学信仰，一种以工人阶级和人民群众为根本动力推动社会发展进步的科学信仰。

有些人感到很奇怪，中国共产党人是中国人，为什么要把来自西

① 恩格斯：《社会主义从空想到科学的发展》，《马克思恩格斯文集》第 3 卷，人民出版社，2009 年版，第 545—546 页。

方的马克思主义作为自己的信仰。中国共产党人之所以把马克思主义作为自己的信仰，是因为中国共产党人认为马克思主义创始人马克思、恩格斯虽然是西方人，但他们所揭示的人类社会发展规律是西方和东方社会发展的普遍规律，中国共产党人服膺的是科学，是真理。不仅如此，更为重要的是，中国共产党人在实践中认识到，马克思主义不仅符合中国的民族救亡和国家发展的需要，还和中华民族几千年来的文明追求相契合。

首先，我们要了解，马克思主义是作为中华民族救亡和发展的最好思想武器被中国人和中国共产党人接受的。中国共产党是在 1840 年鸦片战争后中华民族面临亡国灭种的历史背景下，在中华民族救亡图存的时代大潮中诞生的。我们常讲，中国共产党是马克思列宁主义和中国工人运动相结合的产物，但是在中国，无论是马克思列宁主义的传入，还是中国工人阶级登上历史舞台，都是为了民族救亡。马克思主义对于中国人来说，最初只是来自西方众多学说中的一种被视为“激进主义”的学说，但是“十月革命一声炮响”，使寻求民族前途的中国人看到了新的希望。中国工人阶级是在 1919 年“五四爱国运动”爆发后，为声援北京被捕爱国学生而以独立政治力量登上历史舞台的。就是这样，中国共产党在民族救亡的时代大潮中应运而生，从立党第一天起就是为民族解放而奋斗的先锋队。中国共产党人早期的领导人李大钊、陈独秀和毛泽东、周恩来等，都深受中华民族文明传统的熏陶，有着强烈的爱国情怀。正如毛泽东所深情指出的那样，中国共产党人是“伟大中华民族的一部分而与这个民族血肉相连”。他们向西方寻求真理也是为了救国救民，而当他们从爱国主义走上共产主义道路并创建中国共产党后，依然是伟大的爱国主义者。这样的民族情怀和爱国情操，在中国共产党人中已经成为不可动摇的伟大传统，激励着一代又一代中国共产党人在马克思主义指引下为民族独立、国家富强和人民幸福而奋斗。也正因为这样，马克思主义才成为中国共产党人的科学信仰和根本指导思想。正如毛泽东1930年5月在《反对本本主义》中所深刻指出的："我们说马克思主义是对的，绝不是因为马克思这个人是什么'先哲'，而是因为他的理论，在我们的实践中，在我们的斗争中，证明了是对的。我们的斗争需要马克思主义。我们欢迎这个理论，丝毫不存在什么'先哲'一类的形式甚至神秘的念头在里面。"①

同时，我们还要了解到，马克思主义之所以被中国人和中国共产党人所接受，是因为马克思主义同中华民族的社会理想相契合。中华民族是一个有自己梦想特别是美好社会理想的民族。在汉学名著《礼记·礼运》中早就指出："大道之行也，天下为公，选贤与能，讲信修睦。"这样的社会被称为"大同"。这部著作，许多专家认为，大约是战国末年或秦汉之际儒家学者托名孔子答问的著作。它反映的是儒家的政治思想和历史观点。在《礼记·礼运》中，"大同"指的是尧舜时代"公天下"的社会。儒家学者十分怀念夏朝以前"天下为公，选贤与能，讲信修睦"的社会，后来，许多思想家把这种对过去的怀旧转化为对未来的追求。比如，近代改良主义思想家康有为的《大同书》，认为社会是不断进化的，最后实现的是"大同"；而且，这样的"大同"不仅是中国的"大同"，还是世界的"大同"。民主革命的先行者孙中山先生也是以"天下为公"作为自己的理想和追求。可以说，"天下为公"的"大同"思想，在中华民族的历史上已经成为这个民族最高的社会理想。习近平总书记深刻地指出，中华传统文化源远流长、博大精深，中华民族形成和发展过程中产生的各种思想文化，记载了中华民族在长期奋斗中开展的精神活动、进行的理性思维、创造的文化成果，反映了中华民族的精神追求，其中最核心的内容已经成为中

---

① 毛泽东：《反对本本主义》，《毛泽东选集》第1卷，人民出版社，1991年版，第111页。

华民族最基本的文化基因。以“天下为公”为要旨的“大同”理想，就是习近平总书记所说的“中华民族最基本的文化基因”。正因为中华民族有这样的追求，有这样的文化基因，当马克思、恩格斯创立的科学社会主义传到中国的时候，中国人特别能够接受马克思主义。早期在中国传播马克思主义的人，并非都是后来的共产党人，但他们都是接受过中国传统文化熏陶的知识分子，都是追求“天下为公”的“大同”理想的人。比如，研究马克思主义在中国的传播史，就可以发现，最早向国内介绍马克思主义的，是同盟会元老朱执信、宋教仁等人。共产党人作为中华优秀文化传统的忠实继承者，之所以能够接受并始终坚持以马克思主义为自己的科学信仰和根本指导思想，就在于中国共产党人作为中国工人阶级的先锋队，同时是中国人民和中华民族的先锋队，能够以科学的态度批判地继承中华民族优秀的文明传统，认为“天下为公”的“大同”世界就是在社会化大生产基础上建立的社会主义和共产主义社会。

更何况，中国共产党人所坚持的马克思主义是和中国实际相结合的中国化的马克思主义。马克思、恩格斯在《共产党宣言》1872 年德文版的序言中所说的:“这个《宣言》中所阐述的一般原理整个说来直到现在还是完全正确的。某些地方本来可以作一些修改。这些原理的实际运用，正如《宣言》中所说的，随时随地都要以当时的历史条件为转移。”① 也就是说，马克思主义本来就不是僵死的教条，而要求真正的马克思主义者能够从实际出发运用其基本原理。在中国革命的实践中涌现出来的以毛泽东为代表的共产党人，之所以能够领导中国革命取得历史性的伟大胜利，就在于他们懂得什么是马克思主义、怎样坚持马克思主义，懂得只有把马克思主义的基本原理同中国革命和建设的

① 马克思、恩格斯:《共产党宣言》,《马克思恩格斯文集》第 2 卷，人民出版社，2009 年版，第 5 页。

实践结合起来，才是真正的马克思主义者应取的马克思主义立场、观点和方法。毛泽东在1930年就已经提出："马克思主义的'本本'是要学习的，但是必须同我国的实际相结合。我们需要'本本'，但是一定要纠正脱离实际情况的本本主义。"[①] 在1938年10月召开的党的扩大的六届六中全会上，更是明确提出了"马克思主义中国化"这一国际共产主义运动中从来没有人提出、而在提出后又遭到苏联共产党反对的马克思主义原则。毛泽东思想是中国共产党推进马克思主义中国化过程中形成的第一个思想理论成果，邓小平理论和由这一理论开启的中国特色社会主义理论体系则是马克思主义中国化过程中形成的又一个思想理论成果。在中国共产党内已经形成一个共识：坚持马克思主义中国化，才是真正坚持马克思主义。我们强调马克思主义是中国共产党人的科学信仰和根本指导思想，就是因为我们始终不渝坚持马克思主义，始终不渝坚持马克思主义中国化。

关于治国理政中的信仰问题，我们就讨论到这里。进行这样的信仰之辨，之所以十分重要，还因为这一问题关系到我们要进一步讨论的理想信念问题。

理想和信仰之间，没有一道万里长城。有什么样的信仰，就有什么样的理想。没有信仰的人，就不会有理想。有宗教信仰的人，理想就是让自己的灵魂或来世进入宗教经典所描绘的无比美好的"天堂"、"乐园"、"佛国"。对于马克思主义者来说，理想，就是合理之想，即合乎社会发展规律之想之追求。马克思主义的科学信仰是建立在对人类社会发展规律认识基础之上的，这种信仰所要实现的目标就是我们的理想。根据马克思主义的科学信仰，人类社会在资本主义生产关系与社会化生产力的矛盾和冲突中，只有通过革命建立同社会化生产力

① 毛泽东：《反对本本主义》，《毛泽东选集》第1卷，人民出版社，1991年版，第111—112页。

相适应的社会主义和共产主义社会的生产关系，才能给人类带来持久的美好生活。因此，为实现社会主义和共产主义而奋斗，就成为马克思主义者的崇高理想。这就是马克思主义的科学信仰与共产主义社会理想之间的联系。了解了中国共产党人的信仰是什么，就可以明白中国共产党人为什么要把社会主义和共产主义作为自己的远大理想。

理想，对于治国理政的主体来讲，属于实践的“目的”范畴。实践，是人有目的地改造客观世界的物质活动。人的实践，无论从进程的展开来说，还是从进程的结果来说，设定正确的“目的”都非常重要。因此，作为实践目的的理想，在实践中往往是人的行动纲领。对于中国共产党来说，不仅从成立之日起就确立了为社会主义和共产主义而奋斗的远大理想，而且从中国国情实际出发制定了致力于完成阶段性任务的奋斗目标和行动纲领。在党的历史上，曾经把共产主义远大理想和党在阶段性历史中确定的社会理想，分别称为党的“最高纲领”和“最低纲领”。比如，在民主革命时期，中国共产党明确提出，为新民主主义而奋斗是党不同于共产主义这一最高纲领的最低纲领。毛泽东就说过：我们党提出的新民主主义政治、经济和文化，“就是我们共产党人在现阶段上，在整个资产阶级民主革命的阶段上所主张的一般纲领，或基本纲领。对于我们的社会主义和共产主义制度的将来纲领或最高纲领说来，这是我们的最低纲领。”他同时还说过：“我们共产党人从来不隐瞒自己的政治主张。我们的将来纲领或最高纲领，是要将中国推进到社会主义社会和共产主义社会去的，这是确定的和毫无疑义的。我们党的名称和我们的马克思主义的宇宙观，明确地指出了这个将来的、无限光明的、无限美妙的最高理想。”①

① 毛泽东：《论联合政府》，《毛泽东选集》第 3 卷，人民出版社，2007 年版，第 1058—1059 页。

我们在了解了什么叫信仰、什么叫理想，以及信仰与理想的关系后，还要注意在中国共产党的词典中，除了“信仰”和“理想”外，与此相联系的，还有“共同理想”、“信念”等基本概念。

所谓“共同理想”，就是在为共产主义远大理想而奋斗的特定历史阶段中，中国共产党及其所领导的中国人民始终不渝共同奋斗的社会理想。在改革开放的伟大实践中，中国共产党作为中国的执政党，在强调共产主义是党的远大理想或崇高理想的同时，明确指出，为在中国实现共产主义而积极推进的中国特色社会主义，是党和人民的共同理想。正如习近平总书记在庆祝中国共产党成立95周年大会上所指出的：“坚持不忘初心、继续前进，就要牢记我们党从成立之日起就把为共产主义、社会主义而奋斗确定为自己的纲领，坚定共产主义远大理想和中国特色社会主义共同理想，不断把为崇高理想奋斗的伟大实践推向前进。”

需要指出的是，建设中国特色社会主义绝不是要放弃共产主义，而是为了更好地实现共产主义，建设中国特色社会主义本身就是在中国实现共产主义的重大步骤。对此，江泽民曾经在庆祝中国共产党成立80周年大会上说过：“一个政党的纲领就是一面旗帜。在革命、建设和改革的各个历史阶段中，我们党既有每个阶段的基本纲领即最低纲领，也有确定长远奋斗目标的最高纲领。我们是最低纲领与最高纲领的统一论者。”“我们坚信马克思主义关于人类社会必然走向共产主义这一基本原理。共产主义只有在社会主义社会充分发展和高度发达的基础上才能实现。共产主义社会，将是物质财富极大丰富，人民精神境界极大提高，每个人自由而全面发展的社会。必须看到，实现共产主义是一个非常漫长的历史过程。过去，我们对这个问题的认识比较肤浅、简单。经过这么多年的实践，现在，我们对这个问题的认识要全面和深刻得多了。我们对社会未来发展的方向可以作出科学上的预见，但未来的事情具体如何发展，应该由未来的实践去回答。”[①] 与此同时，我们也要认识到，决不能因为共产主义是遥远将来的事，在今天就可以淡化它、遗忘它甚至背离它。习近平总书记说得很清楚：“社会主义是共产主义初级阶段，共产主义是我们的最高理想。我们现在做的是社会主义初级阶段的事情，但不能忘记初衷，不能忘了我们的最高奋斗目标。在这个问题上，不要含糊其辞、语焉不详。含糊其辞、语焉不详是理想信念模糊甚至动摇的一种表现，好像这个东西太遥远，我们也拿不准，所以就不愿提及了。”[②] 总之，我们不能因为共产主义是我们的远大理想就陷入空想，无视今天建设中国特色社会主义的共同理想；也决不能因为今天要实现中国特色社会主义的共同理想而迷失方向，忘记共产主义是我们始终不渝奋斗的远大理想。

所谓“信念”，就是坚定不移为实现我们的理想而执着奋斗的理念。“执着”是信念的特点。正如习近平总书记在庆祝中国共产党成立 95 周年大会上的讲话中说过的：“理想因其远大而为理想，信念因其执着而为信念。”理想，作为实践中的“目的”范畴，是反映事物发展的特点和趋势的认识。信念，虽然和理想在“目的”的内容上是一致的，但它不仅仅是一种认识，而且加入了人的情感、意志等因素，是知、情、意相结合的一种执着的追求和理念。邓小平明确说过：“人的因素重要，不是指普通的人，而是指认识到人民自己的利益并为此奋斗的有坚定信念的人。”他说：“我们过去几十年艰苦奋斗，就是靠用坚定的信念把人民团结起来，为人民自己的利益而奋斗。没有这样的信念，就没有凝聚力。没有这样的信念，就没有一切。我们共产党人的最高理想是实现共产主义，在不同历史阶段又有代表那个阶段最广大

① 江泽民：《在庆祝中国共产党成立八十周年大会上的讲话》，《江泽民文选》第 3 卷，人民出版社，2006 年版，第 292—293 页。

② 习近平：《在中央政治局“三严三实”专题民主生活会上的讲话》，《习近平总书记重要讲话文章选编》，党建读物出版社、中央文献出版社，2016 年版，第 338 页。

人民利益的奋斗纲领。因此我们才能团结和动员最广大人民群众，叫作万众一心。”[①] 当然，我们这里对“理想”和“信念”所作的词语学解释，只是一种简明的逻辑解析，事实上，“理想”和“信念”这两个词在中国人日常的政治用语中常常联系在一起并用，并被统称为“理想信念”。这样的“理想信念”就不仅仅是一种认识，而是知、情、意相结合的精神力量。中国共产党是否坚强有力，既要看全党在理想信念上是否坚定不移，更要看每一个党员在理想信念上是否坚定不移。

从中，我们可以体会到，习近平总书记为什么要把信仰和理想信念问题称为共产党人的“骨头”和“钙”了。同时，也可以体会到，治国理政为什么要先解决实践主体是谁以及实践主体的信仰和理想信念问题了。我们要按照习近平总书记提出的要求，把脱离群众作为党的最大危险，把理想信念和群众路线教育作为思想建设的战略任务，保持全党在理想追求上的政治定力，自觉做共产主义远大理想和中国特色社会主义共同理想的坚定信仰者、忠实实践者，在全面建成小康社会、实现中华民族伟大复兴的历史进程中充分发挥先锋模范作用。

从哪里来，到哪里去?

信仰决定理想信念，理想信念要落实到奋斗目标上来。在治国理政实践中，研究治理主体的信仰和理想信念，归根到底，就是要在科学信仰的引领下，坚定我们的理想信念，遵循历史辩证法的要求，在搞清楚我们“从哪里来、到哪里去”的基础上，确定我们的奋斗目标。党的十八大以来，以习近平同志为核心的党中央把党确立的“两个

① 邓小平:《用坚定的信念把人民团结起来》,《邓小平文选》第3卷，人民出版社，1993年版，第190—191页。

一百年”奋斗目标和中华民族伟大复兴的历史追求联系起来，提出了为中国梦而奋斗的治国理政宏伟目标，由此回答了“治理什么样的国家”这一基本问题，确定了党中央治国理政的目标。

确定治国理政的目标，必须搞清楚“我是谁，我从哪里来，要到哪里去”。马克思在为工人阶级创立科学理论的时候，就注意到工人运动中出现的问题，是因为对于“从何处来”特别是“往何处去”这个问题没有完全解决，因此需要通过理论建设给工人运动指出前进的道路和方向。1843年9月，马克思在给他的战友阿尔诺德·卢格的信中指出：“看来内部的困难几乎比外部的障碍更严重。虽然对于‘从何处来’这个问题没有什么疑问，但是对于‘往何处去’这个问题却很模糊。不仅在各种改革家中普遍出现混乱，而且他们每个人都不得不承认自己对于未来应该怎样没有确切的看法。然而，新思潮的优点又恰恰在于我们不想教条式地预见未来，而只是想通过批判旧世界发现新世界。”[①]

“我是谁，我从哪里来，要到哪里去”，在人类思想史上，是一个古老的哲学命题。哲学家总是从终极原因上思考和回答这个问题，由此形成了各种不同的哲学思想。政治家也在思考和回答这个问题。同哲学家相比，政治家观察和思考的视角并不完全一样，他们总是从现实出发并追溯历史，努力寻找一个政党或一个国家的发展方向和政治道路。

在治国理政过程中，习近平总书记十分重视这一深层次的哲学思考，并应用到对中国发展道路和发展目标的研究上。在2014年5月4日北京大学师生座谈会上，他在论述我们为什么要提出社会主义核心价值观的时候，明确指出：“一个民族、一个国家，必须知道自己是谁，是从哪里来的，要到哪里去，想明白了、想对了，就要坚定不移朝着

① 马克思：《马克思致阿尔诺德·卢格》，《马克思恩格斯文集》第10卷，人民出版社，2009年版，第7页。

目标前进。”这里，他强调指出，想清楚“我是谁，我从哪里来，要到哪里去”是为了确定国家的奋斗目标。2013 年 11 月 3 日，在会见第二届“读懂中国”国际会议外方代表时，当现场有人问“一个不断发展的中国怎样处理同外部世界的关系”时，习近平总书记说：“我们从哪里来？我们走向何方？中国到了今天，我无时无刻不提醒自己，要有这样一种历史感。伫立在天安门广场的人民英雄纪念碑有一组浮雕，表现的是 1840 年鸦片战争到 1949 年中国革命胜利的全景图。我们一方面缅怀先烈，一方面沿着先烈的足迹向前走。我们提出了中国梦，它的最大公约数就是中华民族伟大复兴。”这段话，集中阐明了习近平总书记提出中华民族伟大复兴中国梦的初衷，与此同时，也告诉了我们，在搞清楚“我是谁，我从哪里来，要到哪里去”的过程中，中国共产党决定把实现中华民族伟大复兴的中国梦作为我们今天治国理政的奋斗目标。

有意思的是，中国这个世界上最大的发展中国家和美国这个世界上最大的发达国家的领导人，在当选国家最高领导职务时，都提出了自己国家的梦想问题：

2012 年 11 月 29 日，中国共产党的总书记习近平和党的十八大选出的新一届中央领导同志在参观《复兴之路》展览时，第一次提出了中国梦的追求问题。他说：“每个人都有理想和追求，都有自己的梦想。现在，大家都在讨论中国梦，我以为，实现中华民族伟大复兴，就是中华民族近代以来最伟大的梦想。这个梦想，凝聚了几代中国人的夙愿，体现了中华民族和中国人民的整体利益，是每一个中华儿女的共同期盼。历史告诉我们，每个人的前途命运都与国家和民族的前途命运紧密相连。国家好，民族好，大家才会好。实现中华民族伟大复兴是一项光荣而艰巨的事业，需要一代又一代中国人共同为此努力。”“我坚信，到中国共产党成立 100 周年时全面建成小康社会的目标一定能实现，到新中国成立100周年时建成富强民主文明和谐的社会主义现代化国家的目标一定能实现，中华民族伟大复兴的梦想一定能实现。”

2008年11月4日，美国当选总统奥巴马在赢得大选胜利后发表的演讲中，也重提“美国梦”。他说：“现在是我们回答这个问题的机会。这是我们的时刻。这是我们的时代——让我们的人民重新就业，为我们的后代敞开机会的大门；恢复繁荣发展，推进和平事业；让‘美国梦’重新焕发光芒，再次证明这样一个基本的真理：我们是一家人；一息尚存，我们就有希望；当我们遇到嘲讽和怀疑，当有人说我们办不到的时候，我们要以这个永恒的信条来回应他们：是的，我们能做到。”

历史无情地告诉人们，从那时到今天，中国离实现中华民族伟大复兴的中国梦的目标越来越近了；而美国则遇到的麻烦越来越大了。

怎么理解中国梦这一治国理政的奋斗目标呢？

我们之所以说中国梦的提出确定了中国共产党治国理政的奋斗目标，是因为中国梦的提出在中国共产党和中国人民之间架起了一座直通的桥梁，把党的主张与人民的愿望连接了起来。毛泽东在党的七大闭幕词《愚公移山》中，在讲到党代会精神怎么贯彻的时候，提出了“两个觉悟”。首先，要使先锋队觉悟，下定决心，不怕牺牲，排除万难，去争取胜利。“先锋队”就是共产党人，尤其是党的各级干部。贯彻党代会精神，首先是党员干部要“觉悟”，要有“下定决心，不怕牺牲，排除万难，去争取胜利”的信心和决心。同时，还必须使全国广大人民群众觉悟，甘心情愿和我们一起奋斗，去争取胜利。也就是说，光有党员干部的“觉悟”还不够，还要有广大人民群众的“觉悟”，使他们能够“甘心情愿和我们一起奋斗，去争取胜利”。为此，毛泽东讲了愚公移山的故事，要求共产党人像“愚公”那样，以自己的模范行动去感动“上帝”，“上帝”即人民群众。所以，贯彻党代会精神是一门学问，不仅要掌握好党代会提出的任务和路线，还要研究怎么让党员干部和人民群众达到“两个觉悟”。我们都知道，党的十八大举世瞩目，十分成功。怎么样高举中国特色社会主义伟大旗帜，把十八大精神转化为全党全国人民的共识和行动，是贯彻落实十八大精神必须精心研究和认真解决的重大课题，也是一门学问。因为，党代表大会是党的事，是8000多万党员的事，而党代表大会讨论的又是全国人民的事，这里就有一个怎样把党的主张与人民的要求统一起来的问题。这不仅有一个在党代会召开前党怎样反映人民诉求的问题，还有一个在党代会召开后怎样把党的意志转化为人民的共识和行动的问题。以习近平同志为核心的党中央在十八大后先抓了十八大精神的传达和宣讲工作，在此基础上，习近平总书记不失时机地提出：实现中华民族的伟大复兴，就是中华民族近代最伟大的中国梦。这就告诉了我们，贯彻十八大精神，同中华民族伟大复兴事业是完全一致的。党的十八大提出的各项任务，集中起来，就是要在全面深化改革开放中为实现民族复兴的中国梦而奋斗。中国梦一提出，就在全国上下产生了强烈的反响。究其原因，就是因为习近平总书记用中国人民最能够理解、最具有感染力、最能够引起共鸣的“中国梦”三个字，把党的主张与人民的要求这两者之间的关系打通了，在党与人民之间架起了一座直通的桥梁。而中国梦的提出，正是用目标凝聚了人心、动员了人民。梦，就是理想，就是追求的目标，用目标来凝聚人心、动员人民、组织队伍，带领人民群众一步一个脚印地实现我们的理想，是中国共产党领导革命、建设和改革的重要经验。比如，我们党叫“共产党”，就是为共产主义远大理想而奋斗的党，但是共产主义的实现是遥远将来的事，怎么解决这一难题呢？毛泽东的经验是，在领导革命的时候，把共产主义的远大理想与当时中国所处的半殖民地半封建社会这一基本国情结合起来，从实际出发指出中国革命要分两步走：第一步是完成反帝反封建的新民主主义革命，第二步是进行社会主义革命；同时指出，在中国，只有完成了新民主主义革命，才能进行社会主义革命，这两个革命阶段是直接衔接的，不能在中间横插一个资本主义阶段。这就为党确定了“新民主主义”的奋斗目标。同毛泽东一样，在建设社会主义的过程中，邓小平从中国实际出发，提出“中国特色社会主义”和中国实现现代化的“三步走”战略[①]；江泽民为实现中国现代化的第三步战略目标，又进一步提出，紧紧抓住 21 世纪头 20 年这一重要战略机遇期，全面建设小康社会。这些战略构想都是中国改革和发展的阶段性目标。中国共产党人在领导革命、建设和改革的过程中，就是这样善于从实际出发确定阶段性的奋斗目标，用这样切合实际的、经过努力能够实现的奋斗目标来动员人民、凝聚力量、组织队伍。习近平总书记提出的中华民族复兴的中国梦，也是这样一个用以凝聚人心、动员人民和组织队伍的奋斗目标，是党中央治国理政的奋斗目标。

那么，这一治国理政的奋斗目标是什么样的目标呢？或者说，中国梦告诉我们在中国应该治理一个什么样的国家了吗？这就要研究什么是中国梦。

学习和研究习近平总书记提出的中国梦，我们可以注意到，这是一个具有丰富的科学内涵的奋斗目标。

第一，中国梦是连接中国的历史、现实和未来的民族复兴之梦。

中国梦以生动形象的语言，反映了近代以来在中国社会内部涌动着并紧密结合在一起的爱国主义和社会主义两大进步思潮的要求，凝结着近代以来中国历代志士仁人的理想、当代中国的追求和未来中国的

①“三步走”的发展战略指的是：第一步，到 20 世纪 80 年代末，实现国民生产总值比 1980 年翻一番，解决人民的温饱问题；第二步，到 20 世纪末，使国民生产总值再翻一番，人民生活达到小康水平；第三步，到 21 世纪中叶，人均国民生产总值达到中等发达国家水平，人民生活比较富裕，基本实现现代化。

走向。也就是说，中国梦具有深刻的历史背景、历史内涵和历史要求。从“康乾盛世”这一落日的辉煌中，中华民族因夜郎自大而错失工业化的机遇，到鸦片战争清政府因落后而挨打后，在西方列强的炮舰政策下中国丧失主权，逐步沦为半殖民地半封建国家。从那时开始，求得民族独立和人民解放，实现国家繁荣富强和人民共同富裕，就成为鸦片战争后中华民族面临的两大历史性课题，成为一代又一代中国人始终不渝追求的民族复兴之梦。

圆梦之路无比艰辛，无比漫长。由于中华民族的复兴之梦，要解决的是两大历史性课题，我们的梦想也就包括了“民族独立和人民解放”之梦和“国家繁荣富强和人民共同富裕”之梦两大梦想。如果从1840年鸦片战争算起，到2050年我们全面实现现代化，中华民族的圆梦之路长达200多年。

第一个100年，是圆“民族独立和人民解放”之梦。为了实现我们的民族复兴之梦，必须先解决中华民族面临的第一个历史性课题。从洪秀全领导的太平天国运动开始，到康有为、梁启超推动戊戌变法，再到孙中山领导辛亥革命，前赴后继，英勇奋斗，都是为了圆“民族独立和人民解放”之梦，但都没有取得成功；一直到以毛泽东为主要代表的中国共产党人，把马列主义与中国实际结合起来，经过28年艰苦卓绝的斗争，才赢得了新民主主义革命的伟大胜利，使得占人类四分之一的中国人从此站立起来了。也就是说，我们足足奋斗了一个多世纪，才圆了“民族独立和人民解放”之梦。

第二个100年，是圆“国家繁荣富强和人民共同富裕”之梦。实现民族独立和人民解放，为圆“国家繁荣富强和人民共同富裕”之梦，创设了不可或缺的政治和社会前提。但是“国家繁荣富强和人民共同富裕”之梦如果实现不了，按照毛泽东的说法，我们仍有可能会被“开除球籍”。因此，只有实现了这个梦想，才能最后实现民族复兴这一“最伟大的中国梦”。中国革命取得胜利后，经过7年天翻地覆的社会变革，实现了从新民主主义到社会主义的历史性转变。从进入社会主义社会开始，站起来的中国人就已经踏上了实现国家繁荣富强和人民共同富裕之路。由于我们对于在中国这样一个人口多、底子薄的东方大国建设什么样的社会主义、怎样建设社会主义没有经验，走了不少弯路。一直到党的十一届三中全会决定工作重点转移，实行改革开放，成功开创了中国特色社会主义，我们才真正走上了中华民族伟大复兴之路。

第二，中国梦是国家的梦、民族的梦，也是每一个中国人的梦。

习近平总书记说："中国梦归根到底是人民的梦，必须紧紧依靠人民来实现，必须不断为人民造福。"这里所讲的"人民"，既是整体的"人民"，也是个体的"人民"，即每一个中国人民。事实上，中国梦不仅是整个国家的富强之梦，而且是同国人的住房梦、就业梦、社会保障梦、生活环境优美梦等国民个人愿望直接相联系的，是中国人的总体追求与每个人的个体追求紧密结合在一起的憧憬和企盼。所以，在2013年"五四"讲话中，习近平总书记对"人民的梦"说了两层意思：一是"国家好、民族好，大家才会好"；二是"只有每个人都为美好梦想而奋斗，才能汇聚起实现中国梦的磅礴力量"。

第三，中国梦与世界人民的梦想是相通的。

我们所说的民族复兴的中国梦，不是拓展疆域、扩大领土领海，恢复横跨欧亚大陆的元朝和鼎盛时期的清朝的疆域。即使是对于历史遗留下来的边界问题，我们也主张通过和平谈判解决，并已同周边许多国家解决了划界问题。尽管我们不惧怕任何人强加给我们的战争，但我们追求的是走和平发展道路。

为了实现我们的现代化，我们已经在国际社会反复强调，中国的民族复兴之路是中国和平发展道路。实现中国梦，给世界带来的是和平，不是动荡；是机遇，不是威胁。中国在历史上遭到过列强的侵略、欺侮和压迫，深知一个民族被干涉、无尊严的痛苦。“己所不欲，勿施于人”，中国共产党人早就指出，中国始终不渝地走和平发展道路，始终不渝奉行互利共赢的开放战略。中国梦既是中国人民追求幸福的梦，也同各国人民追求幸福的梦相通。习近平总书记在美国还说过：“中国梦要实现国家富强、民族复兴、人民幸福，是和平、发展、合作、共赢的梦，与包括美国梦在内的世界各国人民的美好梦想是相通的。”

第四，中国梦是实现国家富强、民族振兴、人民幸福之梦。

中国梦究竟是什么梦？习近平总书记在全面阐述中国梦的内涵及其实质的时候，深刻地回答了这个问题。他指出：“在新的历史时期，中国梦的本质是实现国家富强、民族振兴、人民幸福。我们的奋斗目标是，到 2020 年，国内生产总值和城乡居民人均收入在 2010 年基础上翻一番，全面建成小康社会；到本世纪中叶，建成富强民主文明和谐的社会主义现代化国家，实现中华民族伟大复兴的中国梦。”[①]

这一论述，精辟地回答和揭示了两个至关重要的问题：

一是中国梦对于国家、民族、人民的意义。习近平总书记的论述展示了中国共产党人对于国家、民族、人民的自觉责任，展示了中国共产党人造福国家、民族、人民的崇高追求。也就是说，中国梦是共产党人提出的，但不是为了共产党人自己，而是为了我们的国家、民族、人民。强调“国家”的意义，在于实现中国梦不仅要一改中国贫穷落后的面貌，而且要让中国在世界上获得自己应有的地位和尊严。强调“民族”的意义，在于实现中国梦不仅要完成历代志士仁人的民族振兴愿望，而且将造福于世界各地的所有华人。强调“人民”的意义，在于中国梦是造福于人民的，同每一个人的个人理想息息相关，同时要靠人民来实现。因此，提出中国梦，对于共产党人来说，就是要更好地

① 习近平：《实现中国梦不仅造福中国人民，而且造福世界人民》，《习近平谈治国理政》，外文出版社，2014 年版，第 56 页。

坚守“中国工人阶级的先锋队，同时是中国人民和中华民族的先锋队”的本质属性，更好地恪守“全心全意为人民服务”的根本宗旨，为国家富强、民族振兴、人民幸福奉献我们的一切。

二是中国梦对于治国理政的意义。习近平总书记的论述说明，实现国家富强、民族振兴、人民幸福的中国梦，不是一句空洞的口号，也不是遥遥无期的梦想，而是我们今天面临的紧迫而又繁重的任务。按照邓小平的“三步走”战略和十六大关于“紧紧抓住21世纪头20年这一重要战略机遇期，全面建设小康社会”这一战略决策，今天，我们要实现国家繁荣富强和人民共同富裕，并最终实现民族复兴这一“最伟大的中国梦”，就是要努力完成两大历史使命——到中国共产党成立100年的时候，全面建成小康社会，同时基本实现工业化；到中华人民共和国成立100年的时候，将中国建成富强民主文明和谐美丽的社会主义现代化强国，实现中华民族的伟大复兴。今天我们圆梦，就是要圆这“两个一百年”之梦。

现在，我们就可以对“治理一个什么样的国家”这一基本问题有一个明确的回答了。综上所述，中国共产党治国理政的奋斗目标，就是要实现“两个一百年”的奋斗目标和中国梦，就是要通过举国上下齐心协力的奋斗，把中国治理成为一个具有“富强”、“民主”、“文明”、“和谐”、“美丽”五个元素的社会主义现代化强国。

总体布局和战略布局

理想信念的实现要体现在奋斗目标上，奋斗目标要不落空，还要有一个能够在改革发展实践中付诸实施的整体布局。中国共产党是一个有坚强的政治定力和明确的奋斗目标的政党，同时又是一个有高超的领导艺术，善于把奋斗目标和国情实际进一步结合起来，制定科学布局的政党。以习近平同志为核心的党中央一而再、再而三地强调，在治国理政实践中必须坚持“五位一体”总体布局和“四个全面”战略布局。“布局论”是习近平新时代中国特色社会主义思想的重要组成部分和重要特色。

布局问题，是构成事物的各个要素的合理组合。一个事物形成什么样的布局，不仅反映了人们对这个事物及其结构的认知，而且体现了人们推进这一事物发展变化的战略构想。习近平新时代中国特色社会主义思想以及在这一科学思想指导下党中央在治国理政中反复强调的布局，一是建设中国特色社会主义事业“五位一体”全面发展的总体布局；二是“四个全面”战略布局。

所谓“五位一体”总体布局，就是在建设中国特色社会主义的时候，要坚持经济建设、政治建设、文化建设、社会建设、生态文明建设“五位一体”统筹发展。这是中国特色社会主义事业的总体布局，也是十八大后党中央治国理政的总布局。

应该讲，中国共产党对中国特色社会主义事业总体布局的认识，有一个形成和发展的过程。关于“总体布局”这一概念，是党的十二届六中全会提出的。当时的表述是：“我国社会主义现代化建设的总体布局是：以经济建设为中心，坚定不移地进行经济体制改革，坚定不移地进行政治体制改革，坚定不移地加强精神文明建设，并且使这几个方面互相配合，互相促进。”[①] 在2004年9月党的十六届四中全会通过的《关于加强党的执政能力建设的决定》中，提出了要不断提高驾驭社会主义市场经济的能力、发展社会主义民主政治的能力、建设社会主义先进文化的能力、构建社会主义和谐社会的能力、应对国际局势和处理国际事务

---

①《中共中央关于社会主义精神文明建设指导方针的决议》，《十二大以来重要文献选编》（下），中央文献出版社，2011年版，第1173—1174页。

的能力。这个决定突破了传统的关于社会由经济、政治、文化三要素构成的观点，把社会建设问题提到了重要位置。2005 年 2 月 19 日，在中央党校举办的省部级主要领导干部提高构建社会主义和谐社会能力专题研讨班上，胡锦涛明确指出，加强社会主义和谐社会建设，就是表明中国特色社会主义事业的总体布局，已经更加明确地由社会主义的经济建设、政治建设、文化建设“三位一体”发展为社会主义经济建设、政治建设、文化建设、社会建设“四位一体”。这里，不仅用“中国特色社会主义事业的总体布局”取代了原来的“我国社会主义现代化建设的总体布局”，而且提出了包括社会建设在内的“四位一体”总布局。党的十七大在论述实现全面建设小康社会奋斗目标的新要求时，不仅提出了经济、政治、文化、社会建设四个方面的新要求，还提出了“建设生态文明”的新要求。十八大报告则进一步把经济建设、政治建设、文化建设、社会建设、生态文明建设这五大建设并列相提，这意味着中国特色社会主义事业的总体布局已经由社会主义经济建设、政治建设、文化建设、社会建设“四位一体”进一步拓展为经济建设、政治建设、文化建设、社会建设、生态文明建设“五位一体”。这一过程，是一个认识过程，更是一个实践过程，是我们在实践中不断深化对中国特色社会主义认识、推进中国特色社会主义事业发展的过程。

在党的十八大后主持的第一次政治局集体学习会上，习近平总书记深刻地指出：“强调总布局，是因为中国特色社会主义是全面发展的社会主义。我们要牢牢抓住党执政兴国的第一要务，始终代表中国先进生产力的发展要求，坚持以经济建设为中心，在经济不断发展的基础上，协调推进政治建设、文化建设、社会建设、生态文明建设以及其他各方面建设。”他特别强调“生态文明建设”进入“总布局”的意义，指出：“随着我国经济社会发展不断深入，生态文明建设地位和作用日益凸显。党的十八大把生态文明建设纳入中国特色社会主义事业总体布局，使生态文明建设的战略地位更加明确，有利于把生态文明建设融入经济建设、政治建设、文化建设、社会建设各方面和全过程。这是我们党对社会主义建设规律在实践和认识上不断深化的重要成果。”

习近平总书记的这一论述，不仅深化了对“总布局”的认识，而且深化了对中国特色社会主义的认识。首先，他把中国特色社会主义定义为“全面发展的社会主义”，使得我们对中国特色社会主义的认识达到了一个新的境界；其次，他强调生态文明建设不是孤立推进的，而是要“融入经济建设、政治建设、文化建设、社会建设各方面和全过程”，讲清楚了自然界的生态文明与社会各个方面文明的关系，指出了生态文明建设的途径和要求。最后，他还深刻指出，明确中国特色社会主义是“全面发展的社会主义”，就是要“按照这个总布局，促进现代化建设各方面相协调，促进生产关系与生产力、上层建筑与经济基础相协调。”

我们已经说过，在习近平新时代中国特色社会主义思想指导下，党中央在治国理政实践中，坚持和发展中国特色社会主义是纲，是主线，经济建设、政治建设、文化建设、社会建设、生态文明建设“五位一体”是中国特色社会主义事业的总体布局，实际上就是以习近平同志为核心的党中央治国理政的总体布局。这五大建设，在治国理政过程中，既有各自的任务和重点，又相互依存，相互促进，是“五位一体”、有机统一的发展布局。其中，经济建设是中心，为政治、文化、社会、生态建设提供物质基础；政治建设为经济、文化、社会建设提供政治保障；文化建设为经济、政治、社会、生态建设提供思想保证、精神动力、文化环境和智力支持；社会建设为经济、政治、文化建设提供有力的社会支撑；生态建设为经济、政治、文化、社会建设提供环境支持。

所谓“四个全面”战略布局，就是党的十八大后提出的全面建成小康社会、全面深化改革、全面依法治国、全面从严治党协调推进的战略布局。

以习近平同志为核心的党中央在治国理政过程中，不仅强调要按照“五位一体”总体布局全面推进经济、政治、文化、社会和生态文明建设，而且围绕到2020年全面建成小康社会这一战略目标，提出了全面深化改革、全面依法治国、全面从严治党这三大战略举措。而协调推进这“四个全面”战略布局，就是十八大后党中央治国理政的战略布局。学习研究习近平新时代中国特色社会主义思想以及在这一科学思想指导下形成的党中央治国理政新理念新思想新战略，必须把握这一战略布局。

同任何科学理论的形成和提出有一个过程一样，“四个全面”战略布局的提出也有一个过程。

从概念上去考察，中国共产党从提出“一个全面”，到“两个全面”、“三个全面”，直到“四个全面”，有一个过程。为认识“四个全面”提出的意义，更应该从实践角度梳理一下党中央形成和提出“四个全面”战略布局的过程。

回顾历史，党的十八大鲜明而又具体地提出了“全面建成小康社会和全面深化改革开放的目标”。这次党代会形成的以习近平为总书记的新一届党中央，集思广益，竭尽全力，为实现这一宏伟的战略目标而奋斗。短短两年多时间，党中央采取了一系列重大步骤：

一是思想先行，统一全党和全国人民思想。党的十八大后，先是通过中央政治局的集体学习，从高层做起，一面把全党全国人民的思想和行动统一到中国特色社会主义上来，一面把各级干部的行为规范到“八项规定”上来；接着，把十八大提出的“两个一百年”奋斗目标和中华民族伟大复兴的历史追求联系起来，提出了为中国梦而奋斗的宏伟理念，极大地激发了全国上下为国家富强、民族振兴、人民幸福而奋斗的热情。

二是秉持“治国必先治党，治党务必从严”的要求，大力整顿党的作风和干部队伍。在统一思想和行动的过程中，党中央认真地而不是走过场地在县处级以上开展群众路线教育实践活动，雷厉风行地而不是姑息迁就地进行反腐败斗争。一手抓群众路线教育实践活动，一手抓“打老虎”、“拍苍蝇”的反腐败斗争，并把这两件大事紧密结合、相互促进，突显了党中央在“全面推进党的建设新的伟大工程”中，形成了全面从严治党的治党格局和治党思路。

三是在从严治党的同时，提出了一系列治国理政的重大战略举措。这几年来，以习近平同志为核心的党中央在推进改革发展稳定、处理内政外交国防和治党治国治军各种复杂问题时，高瞻远瞩、驾驭全局，条分缕析、精心谋划，作出了一系列重要决策。特别是，在 2013 年和 2014 年，通过中共中央全会决策的形式，制定和通过了“全面深化改革”和“全面推进依法治国”两个纲领性文件。这两个重要决定，一是提出了我们全面深化改革的总目标，是要完善和发展中国特色社会主义制度，推进国家治理体系和治理能力现代化；二是提出了我们全面推进依法治国的总目标，是要建设中国特色社会主义法治体系，建设社会主义法治国家。我们可以注意到，这两个“总目标”，贯穿着同一个主题词——“治国”。一个是要通过制度现代化从根本上破解治国难题，一个是要通过法治谋求国家长治久安。

认识来自于实践。正是在这样的实践基础上，2014 年 12 月 14 日，习近平总书记在江苏考察调研时第一次提出了“四个全面”，并在 2015 年 2 月 2 日中央党校举办的省部级主要领导干部专题研讨班上把“四个全面”定位为党中央的“战略布局”。

回顾和了解了“四个全面”战略布局提出的过程，就可以体会到这一战略布局提出的深刻意义：

第一，从理论上讲，“四个全面”的提出，标志着十八大以来党中央治国理政实践基础上形成的习近平新时代中国特色社会主义思想的完善和成熟。

2013年3月19日，习近平总书记在接受金砖国家媒体联合采访时，讲到他在会见一些国家领导人时，那些领导人感慨地说，中国这么大的国家怎么治理？习近平在国外访问时，曾经引用先哲老子的话说过：“治大国若烹小鲜。”烹小鲜，是非常不容易的事。事实上，治理中国这样一个大国更难。因为，中国不仅国土大、人口多，而且处在经济文化比较落后的社会主义初级阶段，改革开放以来，尽管国家发生了天翻地覆的变化，但社会主义初级阶段的基本国情没有改变，同时，各地经济社会发展水平又千差万别，尤其是在改革激发巨大社会活力的同时，出现了许多乱象，社会矛盾还有所增加，情况异常复杂。这就是习近平当选为党和国家领导人后面临的时代大背景。“四个全面”战略布局就是以习近平同志为核心的党中央，在贯彻落实十八大精神的过程中，一方面深刻总结30多年改革开放的历史经验，一方面认真应对今天面对的挑战考验，集中回答了新时代坚持和发展中国特色社会主义应该建立一个什么样的国家治理体系、怎样治理国家这一根本问题。

特别是，“四个全面”抓住了在中国特色社会主义道路上治国理政的目标、动力、保障、领导这四根支柱，形成了治国理政的科学思路和基本框架。在这“四个全面”中，全面建成小康社会是坚持和发展中国特色社会主义的阶段性目标；全面深化改革脱胎于改革开放这一强国之路和发展的根本动力，又在“全面”和“深化”上发展了“强国之路”和“根本动力”；全面推进依法治国也是在坚持依法治国这一基本治国方略的同时，在“全面”和“推进”上发展了这一确保党和国家长治久安的治国方略；全面从严治党同样在“关键在党”这一根本问题上坚持和发展了新时期党的建设新的伟大工程。正是在这个意义上，我们说“四个全面”集中体现了以习近平同志为核心的党中央的治国理政的战略布局。

第二，从战略上看，“四个全面”也是坚持和发展中国特色社会主义的战略布局。

改革开放以来，我们开创了中国特色社会主义伟大事业。怎么实现这一伟大事业，是一届又一届党中央面临的神圣历史使命。习近平总书记曾经说过：“坚持和发展中国特色社会主义是一篇大文章，邓小平同志为它确定了基本思路和基本原则，以江泽民同志为核心的党的第三代中央领导集体、以胡锦涛同志为总书记的党中央在这篇大文章上都写下了精彩的篇章。现在，我们这一代共产党人的任务，就是继续把这篇大文章写下去。”[①] 显而易见，这篇大文章的主题词是“中国特色社会主义”，续写的重点一是“坚持”、二是“发展”。

习近平总书记提出的“四个全面”，重点就在对中国特色社会主义的“坚持和发展”上。我们都知道，邓小平在创立中国特色社会主义理论的时候，曾经提出过一整套“两手抓，两手都要硬”的方针。他说过，要一手抓物质文明，一手抓精神文明，两个文明都搞好，才是中国特色社会主义。他还说过，要一手抓发展，一手抓改革开放；一手抓改革开放，一手抓打击犯罪；一手抓经济建设，一手抓民主法制；一手抓改革开放，一手抓惩治腐败；等等。怎么把这一整套“两手抓”的方针有机地结合起来，全面地落实下去，始终是一个实践中的难题。今天，以习近平同志为核心的党中央把这一整套“两手抓”的方针整合起来，概括和拓展为“四个全面”的战略布局，这就使得我们坚持

---

① 习近平：《毫不动摇坚持和发展中国特色社会主义》，《习近平谈治国理政》，外文出版社，2014 年版，第 23 页。

和发展中国特色社会主义，有了更为清晰的并且可以统领各项工作的总思路总布局。

第三，从实践上讲，提出“四个全面”就是要求我们在以习近平同志为核心的党中央治国理政的战略布局下落实党中央的每一项重大决策。

“四个全面”战略布局的提出，最重要的意义，是在实践指导上的意义。我们注意到，习近平总书记2015年2月2日在中央党校的重要讲话，主题讲的是全面推进依法治国的问题，而就在整篇讲话的最后，他提出:“要把全面依法治国放在‘四个全面’的战略布局中来把握，深刻认识全面依法治国同其他三个‘全面’的关系，努力做到‘四个全面’相辅相成、相互促进、相得益彰。”可以这样说，习近平总书记提出“四个全面”是我们党中央的“战略布局”，目的是要求大家把全面依法治国放到“四个全面”的战略布局中去认识、把握和落实。这里，习近平总书记提出了两个重要的问题，这就是:（1）党的十八大以来，党中央作出了一系列重大决策，执行这些决策，落实这些决策，都必须把它们放到“四个全面”的战略布局中去把握，而不能偏离这个战略布局，更不能冲击这个战略布局;（2）就这个战略布局而言，也必须做到“四个全面”相辅相成、相互促进、相得益彰，而不能只讲一个“全面”，不讲其他三个“全面”，更不能把其中一个“全面”与其他“全面”对立起来。这就是习近平总书记在中央党校的重要讲话中提出这个战略布局的最大意义之所在。

这是一种辩证唯物主义的大局观。我们经常讲“实事求是”、“一切从实际出发”，我们面对的“实际”，有“西瓜”，也有“芝麻”。抓“西瓜”是从实际出发，抓“芝麻”也是从实际出发。我们在认识世界的过程中，不能看不到“芝麻”，但是从担负领导责任的要求来说，决不能“捡了芝麻丢了西瓜”。在这个意义上，从实际出发，最重要的就是要善于把握大局，善于把自己承担的工作放到全局中去把握。因此，我们学习“四个全面”的战略布局，最重要的就是要在这样的战略布局下自觉而又认真地落实党中央的每一项重大决策。

有人认为，“四个全面”战略布局就是“全面建成小康社会”、“全面深化改革”、“全面推进依法治国”、“全面从严治党”四句话，内容很明确，也很简单。但是，只要我们认真学习习近平总书记关于这一战略布局的论述，就可以发现这四句话构成的战略布局，有很深的内涵，需要正确理解。

我们注意到，习近平总书记对这一战略布局的论述，包含三层深刻的道理：

第一，“四个全面”战略布局，每一个“全面”都具有重大战略意义。这“四个全面”，每一个“全面”都有丰富的内容。这在十六大、十七大、十八大报告和十八大以来中央通过的一系列决定中都已经有充分的阐述。在习近平总书记对“四个全面”的论述中，第一次将全面建成小康社会定位为“实现中华民族伟大复兴中国梦的关键一步”；第一次将全面深化改革的总目标确定为“完善和发展中国特色社会主义制度，推进国家治理体系和治理能力现代化”；第一次明确全面推进依法治国的总目标是“建设中国特色社会主义法治体系，建设社会主义法治国家”。同时，我们也知道，全面从严治党，就是要围绕加强党的执政能力建设、先进性和纯洁性建设这条主线，把我们党建设成为一个学习型、服务型、创新型的马克思主义执政党，确保党始终成为中国特色社会主义事业的坚强领导核心。因此，正如习近平总书记所说的，在“四个全面”中，每一个“全面”都有重大战略意义。

第二，“四个全面”战略布局，既有战略目标，又有战略举措。习近平总书记在论述“四个全面”战略布局时，明确指出：“全面建成小康社会是我们的战略目标，全面深化改革、全面依法治国、全面从严治党是三大战略举措。”因此，这“四个全面”中，虽然每一个“全面”都有重大战略意义，但有“战略目标”和“战略举措”之别，不能等量齐观。一般来讲，“战略举措”是为“战略目标”服务的。或者说，“战略举措”是实现战略目标的重大“举措”。我们全面深化改革也好，全面推进依法治国也好，全面从严治党也好，都是为了全面建成小康社会。因此，我们要正确认识和处理好战略目标与战略举措之间的关系。这一点，务必牢记。

清醒地认识这一点，非常重要。我们可以思考一下，为什么在我们学习贯彻十八届三中、四中全会精神，大家正在热烈讨论全面深化改革、全面推进依法治国的当口，习近平总书记要强调“全面建成小康社会”是这“四个全面”中的“战略目标”？我们都知道，到2020年全面建成小康社会，这是坚持和发展中国特色社会主义的阶段性目标，是实现中华民族伟大复兴的中国梦的重要台阶，同时也是中国共产党对全国人民的庄严承诺。我们今天以及今后五年所做的工作都是为了实现这一战略目标。可以说，这是我们肩负的崇高、神圣而又艰巨、紧迫的历史使命。或者说，历史留给我们的时间已经不多了。而我们在2020年要达到的目标有哪些呢？前面我们已经说过，在经济、政治、文化、社会、生态文明建设上有五大目标，其中在经济目标中有一个硬指标，这就是我们过去说过的“两个翻番”，即“实现国内生产总值和城乡居民人均收入比2010年翻一番”。按照十八大时测算，今后8年年均增长7%，国内生产总值就可以翻一番；年均增长6.8%，城乡居民人均收入就可以翻一番。从目前来看，尽管这两年经济下行，但还在可以实现我们奋斗目标的区间之内。比如，2014年国内生产总值增长7.4%；全国居民人均可支配收入比上年增长10.1%（扣除价格因素，实际增长8%），其中城镇居民人均可支配收入比上年增长9%（扣除价格因素，实际增长6.8%），农村居民人均可支配收入比上年增长11.2%（扣除价格因素，实际增长9.2%），这些数据都在合理的区间之内。但是，我们不得不提醒自己，在经济转型的同时，如果没有一定的增长速度，是会影响全面建成小康社会目标实现的。我们不唯GDP，但不能没有含有较高质量和效益的GDP。所以，在贯彻“四个全面”的战略布局时，落实所有的举措，都必须牢记全面建成小康社会的战略目标。这就是我们今天在这里讨论“四个全面”的科学内涵，讨论“四个全面”中战略目标与战略举措关系的意义所在。

第三，“四个全面”是相辅相成、相互促进、相得益彰的。“四个全面”不是简单的并列关系，而是有机联系、相互贯通的顶层设计。习近平总书记要求我们：“努力做到‘四个全面’相辅相成、相互促进、相得益彰。”前面我们说到，战略举措要服务于战略目标，这里还要补充一点，实现战略目标也不能偏离战略举措的要求。比如，讲全面建成小康社会，讲发展，不能违法乱纪，不能破坏社会主义市场经济的正常秩序。除了战略目标与战略举措之间要相辅相成、相互促进、相得益彰，三项战略举措即“全面深化改革”、“全面推进依法治国”、“全面从严治党”之间也要相辅相成、相互促进、相得益彰，而不要相互分割、相互冲击、相互抵消。

最后，在论述“四个全面”战略布局科学内涵的时候，有必要对建设中国特色社会主义“五位一体”的总体布局和“四个全面”的战略布局之间的关系，做一点研究和说明。这两者，一个是“总体布局”，一个是“战略布局”，字面上似乎差不多，其实是两个概念。“五位一体”总体布局是中国特色社会主义事业的总布局；“四个全面”战略布局是在全面建成小康社会阶段，实现“五位一体”小康社会的战略布局。我们提出的“全面小康”，全面就全面在“五位一体”上。十八大提出的“全面建成小康社会”新要求，一是经济持续健康发展，二是人民民主不断扩大，三是文化软实力显著增强，四是人民生活水平全面提高，五是资源节约型、环境友好型社会建设取得重大进展。显然，

“全面建成小康社会”这五个方面的新要求，体现的就是中国特色社会主义经济、政治、文化、社会、生态文明建设“五位一体”的总体布局。因此，我们也可以说，“四个全面”战略布局是实现“五位一体”的中国特色社会主义及其阶段性目标的战略布局。

这样，我们就可以做一个概括：第一，中国共产党信仰的是马克思主义，是马克思主义中国化；第二，根据这样的信仰，中国共产党的远大理想是共产主义，共同理想是中国特色社会主义，为这样的理想而执着奋斗就是中国共产党人坚定不移的理想信念；第三，为了实现这样的理想信念，中国共产党在改革开放之初就已经从今天的基本国情出发确定了“三步走”发展战略，在今天就是要为实现“两个一百年”目标和“中国梦”而奋斗；第四，为了实现这样的治国理政目标，中国共产党确立了“五位一体”总体布局和“四个全面”战略布局。这就是中国共产党治国理政所追求的理想和目标，以及实现目标之布局。

新的伟大斗争和“四个自信”

在治国理政过程中，解决治理主体的“缺钙”问题，坚定中国共产党人的科学信仰和与此紧密联系的理想信念，明确我们今天的奋斗目标和实现这样目标的总体布局和战略布局，归根到底，就是要增强我们治国理政的道路自信、理论自信、制度自信和文化自信，准备进行具有许多新的历史特点的伟大斗争。事实上，也只能在这样的自信下，才能完成我们肩负的治国理政神圣使命。

我们注意到，党的十八大在提出“五位一体”全面建成小康社会和全面深化改革开放目标的同时，引人注目地强调了两个问题：一是，发展中国特色社会主义是一项长期的艰巨的历史任务，必须准备进行具有许多新的历史特点的伟大斗争；二是，只要我们胸怀理想、坚定信念，不动摇、不懈怠、不折腾，顽强奋斗、艰苦奋斗、不懈奋斗，就一定能在中国共产党成立一百年时全面建成小康社会，就一定能在新中国成立一百年时建成富强民主文明和谐的社会主义现代化国家。全党要坚定这样的道路自信、理论自信、制度自信。这里强调的“三个自信”，在十八大后又拓展为“四个自信”，即道路自信、理论自信、制度自信、文化自信。这两个问题归结起来，就是一句话：坚定对中国特色社会主义的“四个自信”，进行具有新的历史特点的伟大斗争，实现治国理政的奋斗目标。

“必须准备进行具有许多新的历史特点的伟大斗争”，这样意思的话，毛泽东 1962 年 1 月 30 日在扩大的中央工作会议（即“七千人会议”）上曾经说过。当年，毛泽东提出要用 50 年到 100 年时间在中国建设起强大的社会主义经济。他说：“从现在起，五十年内外到一百年内外，是世界上社会制度彻底变化的伟大时代，是一个翻天覆地的时代，是过去任何一个历史时代都不能比拟的。处在这样一个时代，我们必须准备进行同过去时代的斗争形式有许多不同特点的伟大的斗争。”[①] 毛泽东是一个天才预言家，他讲的“50 年内外到 100 年内外”，就是从 1962 年到 2012 年直至 2062 年。他说这个时期是“世界上社会制度彻底变化的伟大时代”，是“翻天覆地的时代”。2012 年正是中国共产党第十八次全国代表大会召开之年，正是以习近平同志为核心的党中央登上中国政治历史舞台之年。从 1962 年到 2012 年，世界和中国的社会制度确实发生了巨大变化，世界和中国确实发生了天翻地覆的巨大变化；从 2012 年到 2062 年，世界和中国将发生更巨大的天

---

① 毛泽东：《在扩大的中央工作会议上的讲话》，《毛泽东文集》第 8 卷，人民出版社，2009 年版，第 302 页。

翻地覆的变化。我们今天所处的时代，正是毛泽东所预言的“必须准备进行同过去时代的斗争形式有许多不同特点的伟大的斗争”的“伟大时代”。

就中国而言，到2020年将全面建成小康社会，到2050年将建成富强民主文明和谐美丽的社会主义现代化强国。其间，我们的社会制度也将在全面深化改革进程中，完善和发展中国特色社会主义制度，推进国家治理体系和治理能力现代化。处在这样一个翻天覆地的伟大时代，正如十八大所说的，我们在坚持和发展中国特色社会主义时，必须准备进行具有许多新的历史特点的伟大斗争。十八大以来的实践告诉我们，“具有许多新的历史特点的伟大斗争”包括在发展问题上要面对中国经济新常态和全球经济下行的压力，在改革问题上要“啃硬骨头”，特别是要推进难度极大的供给侧结构性改革，在信息化问题上要面对互联网迅猛发展带来的前所未有的机遇和挑战，在外交和国际合作问题上要应对美国的“亚太再平衡”战略和世界范围贸易保护主义抬头的压力，在国家总体安全问题上要避免“修昔底德陷阱”和“中等收入陷阱”，在党的建设问题上要同一切弱化先进性、损害纯洁性的问题作不调和的斗争，等等。这些斗争，大多是我们过去从来没有经历过的，对于中国共产党坚持自己的科学信仰，坚定自己的理想信念，实现自己的奋斗目标，实施自己的战略布局，是一个重大而又严峻的考验。

为之，我们就要按照十八大和十八大后党中央强调提出的“四个自信”，以昂扬奋进的精神状态，进行这场具有许多新的历史特点的伟大斗争。

首先，我们要认识到，这种自信是科学的自信，而不是盲目的自信。所谓科学的自信，就是建立在正确实践和科学认识基础上的自信，是对经过实践检验证明是正确的认识和根据这种正确认识建立起来的社会制度的自信，是符合社会发展客观规律的国家发展道路、理论、制度和文化的自信。因为，我们所讲的“四个自信”，指的是对中国特色社会主义的道路自信、理论自信、制度自信、文化自信。中国特色社会主义是中国改革开放新时期开创的，也是建立在中国共产党长期奋斗的基础上的，是由中国共产党几代中央领导集体团结带领全党全国人民历经千辛万苦、付出各种代价、接力探索取得的。正是由于我们找到了中国特色社会主义，才从根本上改变了中国人民和中华民族的前途命运，不可逆转地结束了近代以后中国内忧外患、积贫积弱的悲惨命运，不可逆转地开启了中华民族发展壮大、走向伟大复兴的历史进程，使具有5000多年文明历史的中华民族以崭新的姿态屹立于世界民族之林。所以，习近平总书记在主持十八届中央政治局第一次集体学习时指出：“实践充分证明，中国特色社会主义是中国共产党和中国人民团结的旗帜、奋进的旗帜、胜利的旗帜。我们要全面建成小康社会、加快推进社会主义现代化、实现中华民族伟大复兴，必须始终高举中国特色社会主义伟大旗帜，坚定不移坚持和发展中国特色社会主义。党的十八大要求全党坚定对中国特色社会主义的道路自信、理论自信、制度自信，其根本原因就在这里。”

同时，我们要认识到，这种自信是由深厚的中华民族的文明传统为支撑的自信，而不是建立在政治实用主义基础上的自信。习近平总书记对于中国特色社会主义形成和发展的历史原因，有一个深刻而又独到的见解。我们都知道，实现治国理政的奋斗目标必须坚定不移坚持走中国特色社会主义道路。习近平总书记说：“这条道路来之不易，它是在改革开放30多年的伟大实践中走出来的，是在中华人民共和国60多年的持续探索中走出来的，是在对近代以来170多年中华民族发展历程的深刻总结中走出来的，是在对中华民族5000多年悠久文明的传承中走出来的，具有深厚的历史渊源和广泛的现实基础。”[①] 这里，他通过非常醒目的历史溯源，强调中国在改革开放中之所以能够开创中国特色社会主义道路，不仅同近代以来和新中国成立以来中国人民的奋斗和探索有关，而且同中华民族5000多年悠久的文明传统有不可分割的关系。特别是，他明确指出：“中华民族是具有非凡创造力的民族，我们创造了伟大的中华文明，我们也能够继续拓展和走好适合中国国情的发展道路。全国各族人民一定要增强对中国特色社会主义的理论自信、道路自信、制度自信，坚定不移沿着正确的中国道路奋勇前进。”[②] 正是在这样的思考过程中，习近平总书记后来在论述对中国特色社会主义的道路自信、理论自信、制度自信时，加上了“文化自信”。在庆祝中国共产党成立95周年大会上的讲话中，他强调说：“文化自信，是更基础、更广泛、更深厚的自信。在5000多年文明发展中孕育的中华优秀传统文化，在党和人民伟大斗争中孕育的革命文化和社会主义先进文化，积淀着中华民族最深层的精神追求，代表着中华民族独特的精神标识。”

最后，我们还要认识到，这种自信本身就是一种凝聚中国亿万人民的精神力量，而不是可以激动一阵子但不能持续的政治口号。习近平总书记说过，实现中国梦必须弘扬中国精神，必须凝聚中国力量。这就说明了治国理政需要坚强的精神支柱和精神力量。“四个自信”，究其实质，就是坚信中国特色社会主义一定能够成功、坚信中华民族一定能够实现伟大复兴的精神力量。只要我们紧密团结，万众一心，发扬爱国主义为核心的民族精神以团结整个中华民族，发扬改革开放为核心的时代精神以鞭策整个中华民族与时俱进，心往一处想，劲往一

① 习近平：《在第十二届全国人民代表大会第一次会议上的讲话》，《习近平谈治国理政》，外文出版社，2014年版，第39—40页。

② 习近平：《在第十二届全国人民代表大会第一次会议上的讲话》，《习近平谈治国理政》，外文出版社，2014年版，第40页。

处使，用13亿多人的智慧和力量汇集起不可战胜的磅礴力量，朝气蓬勃地进行具有许多新的历史特点的伟大斗争，为实现“两个一百年”目标和中国梦而奋斗，为实现中国特色社会主义这一共同理想而奋斗，我们就能够以自强不息、奋发有为的精神状态，不忘初心，继续前进，实现我们治国理政的奋斗目标。

综上所述，治国必须先正己，理政必须先修身。信仰之辨和理想信念的确立，奋斗目标和实现目标之布局的确定，充满自信完成治国理政这一宏大的马克思主义工程，就是中国共产党治国理政的“主体论”。

第四章

治党与治国、治军

治国理政的治理对象，主要是国家。与此同时要认识到，由于军队在国家治理中的特殊地位，治国必须治军。在中国，无论国家，还是军队，都是中国共产党领导的，在治国理政过程中，必须把代表和领导人民执政的中国共产党及其领导机构以及领导干部这一治理的主体作为特殊的客体来治理，即“治国必先治党，治党务必从严”。有鉴于此，在治国理政实践中，必须遵循习近平总书记的思想理念，深入研究治国与治党、治军的关系。或者，更明确地说，要研究治党与治国、治军的关系。

惊动中南海的三起贿选事件

在讨论和研究了治国理政的主体后，就要深入讨论和研究治国理政的客体，即治国理政的对象。治国理政，顾名思义，治的是“国”，理的是“政”。只不过需要说明的是，这里所讲的“政”，不仅是作为国家行政机关的“政府”，而且是作为国家权力机关的“人民代表大会”。治国理政，最重要的，就是要治理好国家权力及其运行机制。

在中国，国家最高权力机关是全国人民代表大会。2016 年 9 月 13 日的新华社电讯发布了一个从未有过的重大新闻，报道称，当天，第十二届全国人大召开了一次临时常委会，即十二届全国人大常委会第二十三次会议。会议听取了全国人大常委会代表资格审查委员会主任委员马馼作的全国人大常委会代表资格审查委员会关于辽宁省人大选举产生的部分十二届全国人大代表当选无效的报告。报告称，辽宁省在查办辽宁省全国人大代表拉票贿选案中，发现并核实在 2013 年 1 月辽宁省十二届人大一次会议选举十二届全国人大代表过程中，有 45 名当选的全国人大代表以金钱或者其他财物拉票贿选。全国人大常委会代表资格审查委员会经审查认为，这 45 名全国人大代表违反选举法的有关规定，以违法行为当选，应当由全国人大常委会确定其当选无效。

据悉，在辽宁省第十二届人大一次会议选举全国人大代表的过程中，涉及全国人大代表拉票贿选的，有 523 名辽宁省人大代表。目前，涉案的省人大代表已由原选举单位接受其辞职或被罢免终止了代表资格。辽宁省第十二届人大常委会由 62 名省人大代表组成，由于其中 38 名代表资格终止，其常委会组成人员的职务也相应终止。这样，辽宁省人大常委会组成人员已不足半数，无法召开常委会会议履行职责。

一个省级人大常委会出现这种情况，新中国历史上还没有过，需要根据中国宪法和有关法律精神作出创制性安排。为此，经全国人大常委会委员长会议研究，提出了全国人大常委会关于成立辽宁省第十二届人大七次会议筹备组的决定草案的议案。全国人大常委会副委员长李建国受委员长会议委托，就这个决定草案作了说明。

经过全国人大常委会分组审议，与会人员赞成代表资格审查委员会的报告和委员长会议提出的决定草案，一致赞成依法确定45名拉票贿选的全国人大代表当选无效，一致认为，由全国人大常委会决定成立辽宁省第十二届人大七次会议筹备组，代行省人大常委会部分职权，是必要的，是可行的，符合宪法精神，符合选举法和地方组织法的原则。

这次特别的会议，一是表决通过了全国人大常委会代表资格审查委员会关于辽宁省人大选举产生的部分十二届全国人大代表当选无效的报告，确定45名全国人大代表当选无效；二是表决通过了全国人大常委会关于成立辽宁省第十二届人大七次会议筹备组的决定，明确筹备组是代行省人大常委会部分法定职权的临时性机构，负责筹备辽宁省第十二届人大七次会议的相关事宜。由此，辽宁人民代表贿选案正式进入公众视线。在这次特别的临时常委会上，全国人大常委会委员长张德江要求，在严肃查处的同时，必须高度警醒、吸取教训、引为镜鉴。

从地方媒体的报道中，我们注意到，在这次会议之前，2016年8月28日和9月1日，中共辽宁省委已经两次召开常委（扩大）会议。会上，省委常委和省人大常委会、省政府、省政协党组负责同志分别围绕辽宁拉票贿选案，讲认识、谈体会，找差距、说教训。9月3日，辽宁省委召开了辽宁拉票贿选案查处有关情况通报会。9月7日，省委再次召开专题通报会，向老领导老同志通报辽宁拉票贿选案查处的有关情况。

全国人大常委会后，9 月 14 日，中共辽宁省委中心组（扩大）举行专题学习会议，表示要深刻吸取辽宁拉票贿选案的沉痛教训，举一反三，认真整改。3 天后，辽宁省第十二届人大七次会议筹备组第一次会议在沈阳举行，会议要求做好对代表的警示教育，让全体代表深刻认识辽宁拉票贿选案带来的恶劣影响和严重危害。9 月 19 日，在辽宁省第十二次党代会代表选举工作会议上，中共辽宁省委书记李希再次表态，“深刻吸取辽宁拉票贿选案惨痛教训，净化和营造良好政治生态”。

因涉及辽宁贿选案，原辽宁省委书记王珉、省人大原副主任王阳、郑玉焯等省级官员落马。2016 年 9 月 20 日，辽宁召开全省警示教育大会，深刻反思辽宁拉票贿选案的沉痛教训，对全省深入开展警示教育进行全面安排部署。据《辽宁日报》报道，这次会议是辽宁近年来召开的层次最高、规模最大的一次重要会议。此后，辽宁省在全省范围内开始陆续召开关于深刻汲取辽宁拉票贿选案沉痛教训专题民主生活会或警示教育会。

2016 年 11 月 1 日，辽宁省召开了第十二届人民代表大会第七次会议。大会举行了两次全体会议：第一次全体会议表决通过了辽宁省第十二届人民代表大会第七次会议选举省第十二届人大常委会委员和通过省第十二届人大各专门委员会组成人员人选办法；第二次全体会议选举产生了 31 名省十二届人大常委会委员，通过了 84 名省人大各专门委员会组成人员，完成了补选辽宁省人大常委会委员和补充省人大专门委员会组成人员的任务。至此，无法履行职责的辽宁省人大常委会才恢复正常。

辽宁拉票贿选案是新中国成立以来查处的第一起发生在省级层面、严重违反党纪国法、严重违反政治纪律和政治规矩、严重违反组织纪律和换届纪律、严重破坏人大选举制度的重大案件，是对人民代表大会制度的挑战，是对社会主义民主政治的挑战，是对国家法律和党的纪律的挑战，触碰了中国特色社会主义制度底线和中国共产党执政底线。依纪依法彻查和处理辽宁拉票贿选案，充分体现了以习近平同志为核心的党中央坚定不移推进全面依法治国、全面从严治党的鲜明态度和坚定决心，维护了人民代表大会制度的权威和尊严，维护了社会主义法治的权威和尊严。

在这之前，中国已经发生了两次贿选事件：一次是湖南衡阳市破坏选举案；一次是四川南充市的拉票贿选案。

湖南衡阳破坏选举案，指的是湖南衡阳市人大代表收受贿赂、选举舞弊的丑闻。2012 年 12 月 28 日至 2013 年 1 月 3 日，湖南省衡阳市召开第十四届人民代表大会第一次会议，共有 527 名市人大代表出席会议。在差额选举湖南省人大代表的过程中，发生了严重的以贿赂手段破坏选举的违纪违法案件。该贿选丑闻涉及湖南衡阳市 512 名人大代表，涉案金额人民币 1.1 亿余元。56 名省人大代表因涉及送钱拉票行为而当选无效，512 名收受钱物的衡阳市人大代表辞职。衡阳破坏选举案涉案人员多、涉案金额大，性质严重、影响恶劣，案中相关领导干部严重失职，监督不到位，没有及时有效制止违纪违法行为；一些共产党员、国家工作人员、人大代表无视党纪国法，参与送钱拉票和收受钱物，致使换届选举纪律形同虚设，违纪违法行为蔓延，这是一起严重的以贿赂手段破坏选举的违纪违法案件。中共湖南省委和相关部门根据举报，深入调查，严肃查处。涉案的省、市人大代表的代表资格被依法处理；涉案的共产党员和国家工作人员涉嫌犯罪的，还将依法给予严惩。此案一曝光，就引起全社会关注，中共湖南省委迅速查处，赢得了人心，维护了社会正义。

四川南充拉票贿选案，指的是四川南充市领导干部拉票贿选案。在

2011年10月19日南充市委五届一次全会前，时任仪陇县委书记杨建华用公款80万元，自己出面或安排下属，向部分可能成为市委委员的人员送钱拉票，通过拉票贿选当选市委常委。在查清上述事实的基础上，四川省委根据有关线索进一步组织深入调查，彻底查清了此次党代会之前在南充市有关干部民主推荐中存在的送钱拉票问题，以及时任南充市委书记刘宏建和市纪委、市委组织部相关负责人的失职渎职问题。上述问题共涉及人员477人，其中组织送钱拉票的16人，帮助送钱拉票的227人，接受拉票钱款的230人，失职渎职的4人；涉案金额1671.9万元。2014年下半年以来，中共四川省委对南充拉票贿选案进行了严肃认真的调查处理。根据案件事实和有关党纪政纪、法律法规，四川省对涉案人员全部作出严肃处理。其中，给予开除党籍开除公职处分并移送司法机关处理的33人，给予撤销党内外职务以上处分的77人，给予严重警告并免职、严重警告、警告或行政记大过、记过处分以及免职处理的267人，诫勉谈话、批评教育100人，移送司法机关处理人员均被判处相应刑罚；杨建华犯行贿罪、受贿罪、滥用职权罪，判处有期徒刑20年，时任南充市委书记刘宏建犯玩忽职守罪，判处有期徒刑3年。中共四川省委在调查处理这一案件过程中指出，南充拉票贿选案涉案人员多、涉案金额大，是一宗严重违反党纪国法、严重违反党的政治纪律和政治规矩、严重违反组织人事纪律的恶劣案件，教训极其深刻。9月15日，中共四川省委召开会议，传达学习中共中央关于南充拉票贿选案查处情况的通报，要求各级党组织和广大党员干部深刻认识彻查严处南充拉票贿选案的重大意义，汲取教训，举一反三，认真落实中央关于全面从严治党的各项任务部署，坚决维护党纪国法的权威和尊严。

从衡阳破坏选举案、南充拉票贿选案到辽宁省的拉票贿选案，不仅引起了社会的关注，而且引起了中共高层的震怒。习近平总书记和中央领导人作出了重要批示和指示。习近平总书记 2016 年 3 月 8 日上午到“两会”湖南代表团参加讨论时，专门讲到了衡阳破坏选举和南充拉票贿选事件。他明确指出，今明两年，全国省市县乡要陆续换届，要深刻吸取湖南衡阳破坏选举案和四川南充拉票贿选案的教训，以“零容忍”的政治态度、规范严谨的法定程序、科学有效的工作机制、严肃认真的纪律要求，坚决杜绝此类现象发生。

在部署 2016 年各地换届改选的组织工作会议上，中央领导人以这些案例为据强调指出，换届风气是一个地方政治生态的“晴雨表”，直接关系换届工作成败。要加强换届政策和纪律的学习宣传，突出教育在先、警示在先、预防在先，充分发挥反面典型警示作用。要严肃政治纪律和政治规矩，严禁违背组织决定搞阳奉阴违、团团伙伙等行为；严肃组织人事纪律，严格干部工作程序，该有的环节一个都不能少，该守的规矩一条都不能破。对拉票贿选、跑官要官、买官卖官、跑风漏气、说情打招呼等问题，要加大监督和查处力度，发现一起、查处一起，及时通报、公开曝光。要严格执行换届选举有关法律法规，严防敌对势力、黑恶势力、家族和宗教势力干扰破坏选举，严防人大代表选举和政协委员协商提名中的权钱交易、弄虚作假等行为。通过各方面努力，使这次换届成为营造良好政治生态、从政环境的一次生动实践。

这些贿选事件，暴露出我们在国家治理和从严治党等方面许多值得思考和研究的问题，是我们研究中国共产党治国理政的重要案例。从这些贿选事件的发生，以及中央和有关地方对这些事件的处理过程中，我们可以得到一些什么样的认识呢？或者说，从中可以看到中国共产党是怎么治国理政的呢？这方面的研究和总结，可以从多方面进行。我们从这些案例中至少可以认识到这样四点：第一，治国理政，从根本上说，就是要管住权力及其运行机制；第二，治国理政必须从国家和地方政权的权力形成源头治起，从人大代表、领导干部的选任治起；第三，治国理政必须坚持依法治国，维护党纪国法的权威性，依法打击任何违法违纪行为；第四，治国理政关键在党，在党的领导和全面从严治党。

“治国必先治党，治党务必从严”

在国家治理问题上，中国共产党有一个成功的经验，就是习近平总书记反复强调的“治国必先治党，治党务必从严”。十八大以来，以习近平同志为核心的党中央在治国理政方面取得的最骄人的成就，就是坚持全面从严治党，严肃和规范党内政治生活。抓住了“全面从严治党”这个“牛鼻子”，以治党来推进治国治军，治国和治军就有了突破口，就取得了震撼性、开创性进展。

第一，我们需要深入讨论一个问题：为什么在中国“治国必先治党”？

“治国”和“治党”是两个不同的范畴，它们之间有什么联系？为什么治国要先治党？

治国和治党，是两个范畴。这两个范畴是在历史上形成的，也是在历史进程中相互联系在一起的。人类在古代是以血缘关系组织起来的，后来以个人血缘关系为基础的古代社会制度被炸毁了，代之而起的是一个新的、以地区划分和财产差别为基础的国家制度。这是恩格斯在他的名著《家庭、私有制和国家的起源》中论述过的。事实上，在中国漫长的封建社会中，国家是以地区划分的，但国家的核心统治集团仍然是以血缘为基础形成的，即我们常讲的“家天下”。政党政治出现后，以政治信仰和政治纲领为基础组织起来的政党，取代了以血缘为基础的“家天下”的核心统治集团，于是在国家政治运作中就出现了“国家”与“政党”的关系。在现代民主政治发展过程中，进一步出现了“人民”与“国家”、“人民”与“政党”的关系，形成了“人民”、“政党”、“国家”三者互动的政治构架。中国现在是中国共产党领导的人民当家作主的社会主义国家，我们在这里讨论的“治国”与“治党”的关系，是人民当家作主前提下的国家治理与党的治理之间的关系。这是首先要说明的。

这两个范畴有着不同的内容、不同的要求，但是又有着共同的指向以及许多联系和交集。

治国和治党这两个范畴，有些什么不同呢？第一，是治理的对象不同，治国的对象是国家，狭义的国家治理指的是政府治理，广义的国家治理指的是政权治理，包括国家对政府、市场（企业）、社会及其相互关系的治理；治党的对象是党，包括各级党组织、党的干部和党员，也包括党与政权机关的关系、党与企业的关系、党与社会的关系。第二，是治理的依据不同，治国的依据是国家宪法和法律法规；治党的依据是党章和党的各个方面规定，特别是党的纪律。第三，是治理的主体不同，治国的主体是人民及其代表组成的各级人民代表大会（在人民代表大会闭会期间是其选出的常委会）；治党的主体是党员及其代表组成的各级党代表大会（在党代表大会闭会期间是其选出的中央委员会和地方、基层的党组织的委员会）。第四是执法机关不同，治国的执法机关是各级人民代表大会选出的司法机关，包括检察院和法院；治党的执法机关是各级党代表大会选出的纪律检查委员会。此外还有一些不同，比如，违法或违纪的处理程序等，都不完全相同。

但是，治国和治党这两个范畴又有着共同的指向，这就是治权。我们这里讲的“治国”，全称是“依法治国”，强调的是宪法和法律在国家治理中具有至高无上的权威性，强调要用宪法和法律规范权力的形成和运行，任何组织和个人都不能凌驾于宪法和法律之上。正如习近平总书记所说的："依法治国，首先是依宪治国；依法执政，关键是依宪执政。"[①] 也就是说，在中国，中国共产党是中国特色社会主义事业的领导核心，同时也是执政党，但是"党领导人民制定宪法和法律，党领导人民执行宪法和法律，党自身必须在宪法和法律的范围内活动，真正做到党领导立法、保证执法、带头守法。"[②] 同样，我们这里讲的"治党"，全称是"依章治党"或者"依规治党"，强调的是党章和党内法规在党的治理中具有至高无上的权威性，强调要用党章和党内法规规范各级党组织（包括政权机关中的党组）特别是党的领导干部的行为，按照民主集中制的原则，保证党员的民主权利，落实党的各项决议和政策。之所以在这里要强调治国和治党都是治权，而不是治民，主要是因为中国有几千年封建专制主义统治的历史，在封建社会里，也有法制。在中国历史上，还有"法家"这一主张"以法治国"的学派。但是，封建社会强调的"法"和"法制"，主要是用来治民的，这是我们在继承历史上的法制传统时要注意的。

由于治国和治党都以治权为共同指向，由此产生了许多内在的联系和交集。比如干部，这是掌握权力的一个群体，治权的一个重要方面就是用法律规范干部的用权方式和用权行为，使他们能够依法用权，为人民用权，而不违法乱纪、以权谋私，甚至贪赃枉法。其中，治党治的是党组织系统的干部，是用党章包括党纪来规范他们用权的方式和行为，但是他们如果违反的不仅是党纪，还涉及国法，就要移交给司法部门处理；同样，治国治的是国家政权系统的干部，是用宪法和法律法规来规范他们用权的方式和行为，但是他们中许多人是党员，

① 习近平：《在首都各界纪念现行宪法公布施行30周年大会上的讲话》，《习近平谈治国理政》，外文出版社，2014年版，第141页。

② 习近平：《在首都各界纪念现行宪法公布施行30周年大会上的讲话》，《习近平谈治国理政》，外文出版社，2014年版，第142页。

是党推荐给国家政权系统并依法选举或任命的，他们的违法行为要受到法律惩处，而他们的违纪行为则要受到党纪的处分。这就是治国和治党的交集之处。在实际治理过程中，不论是党组织系统的干部，还是国家政权系统的干部，只要是党员干部，首先都由党组织包括党的纪律检查委员会来处理，在处理中发现违法犯罪事实再移交给国家司法部门处理。

讨论到这里，我们可以体会到，在中国，要治理好这个国家，不仅要搞清楚治国与治党的区别，还要注意到它们之间的紧密联系。这样，我们就可以进一步讨论“在中国，治国为什么必须先治党”这个问题了。

首先，这是因为中国共产党是这个国家的领导核心，国家治理是在中国共产党的领导之下进行的，因此，治国必须先治党。

中国共产党和政权的关系史，和欧美许多国家不一样。比如，在法国大革命、英国光荣革命、美国独立战争的时候，都还没有成型的政党。他们的政党，是在资产阶级革命胜利建立政权后，各个阶级和政治力量为角逐政权中的地位而建立的。中国则是先有政党，后有政权。中国共产党自 1921 年成立后，领导人民进行了 28 年艰苦卓绝的斗争，才赢得政权。因此，欧美这些国家政党执政的合法性，建立在他们竞选中获得的票数之上；中国共产党领导和执政的合法性，则来自这个党为人民当家作主所作出的贡献和牺牲，来自这个党掌握政权后全心全意为人民服务所做的一切，也来自这个党在领导国家建设过程中能够自觉地为人民坚持真理，修正错误。所以，中国共产党在中国不仅是一个执政党，而且是国家和人民的领导核心。了解这一点，不仅对于了解中国的政治体制非常重要，而且对于了解中国共产党的建设在国家治理中的意义也非常重要。

需要进一步了解的是，“党的领导”不是一个口号，也不是漫无边际的主导范畴，而是有具体内容和具体边际的政治范畴。江泽民曾经对此有过具体的论述，他说："党的领导主要是政治、思想和组织领导，通过制定大政方针，提出立法建议，推荐重要干部，进行思想宣传，发挥党组织和党员的作用，坚持依法执政，实施党对国家和社会的领导。"[①] 这里，请注意两点：一点是，党的领导纵向是政治、思想和组织三条管道，横向是国家和社会两个领域，这一点决定了在治国与治党关系问题上要首先治党；另一点是，党的领导不是由党包揽一切。这里的几个动词是有分寸的，党的领导在大政方针上是"制定"，在立法上是"建议"，在重要干部人选问题上是"推荐"，在思想宣传问题上是"进行"，在党组织和党员作用问题上是"发挥"，在依法执政问题上是"坚持"，这就确定了党的领导的边际，即党可以提出立法建议、推荐重要干部，但该由国家政权机关立法的、选举的，都由国家机关依照宪法和法律进行。江泽民强调这一点，是因为党过去曾经在这个问题上犯过错误。为了使党不再犯同样的错误，党必须加强对自己的监督。这也决定了要治理好国家，首先要提高党的领导能力，对国家实施科学的民主的领导，同时也要防止党的干部以"领导"为名滥用权力。正是在这个意义上，治国必须先治党。

这里还需要指出，在党对国家和社会的领导过程中，由党直接发挥作用的方面，诸如"制定大政方针"、"进行思想宣传"、"发挥党组织和党员的作用"、"坚持依法执政"等方面都是在党直接领导下进行的，如果党犯错误，就会直接影响到国家的前途和命运。因此，在我们讨论治国和治党关系问题时，党在这些方面的治理及其正确与否，会直接关系到国家的建设和治理。比如，党的路线问题，既是关系党的事业兴衰成败的第一位的问题，也关系到国家和人民的命运。"文化

① 江泽民：《全面建设小康社会，开创中国特色社会主义事业新局面》，《江泽民文选》第3卷，人民出版社，2006年版，第555页。

大革命”十年内乱，由于路线的错误，不仅使中国国民经济到了崩溃的边缘，党和国家在经济和政治上面临着十分困难的局面，同时还把人们的思想搞乱了。从“文化大革命”走出来的中国，是继续走“以阶级斗争为纲”的老路，还是走资产阶级自由化的邪路，还是闯出一条符合中国实际的能够促进社会主义发展的新路？党和国家面临着向何处去的历史抉择。在这个重要的历史关头，邓小平等老一辈无产阶级革命家勇敢地挺身而出，以1978年底召开的党的十一届三中全会为标志，从党的路线破题，领导全党进行拨乱反正。一是冲破“两个凡是”的思想禁锢，领导和支持真理标准问题大讨论，重新确立了党的解放思想、实事求是的思想路线；二是果断摒弃“以阶级斗争为纲”，实现全党工作重点由阶级斗争到经济建设的战略转移，与此同时，提出要坚持四项基本原则，坚持改革开放，形成了党在社会主义初级阶段的基本路线即党的政治路线；三是大刀阔斧地平反冤假错案，在解放大批老干部的基础上，提出干部要革命化、年轻化、知识化、专业化的“四化”标准，形成了适合社会主义现代化建设需要的组织路线。历史告诉我们，国家的发展前途和党的治国路线息息相关、密不可分。党的治国路线正确与否，关系到党和国家的前途命运，是治国兴国最根本的问题。回顾历史，邓小平带领我们开辟中国特色社会主义道路，是从拨乱反正开始的。邓小平抓党的建设，也是从拨乱反正开始的。研究邓小平的党的建设思想，不能离开这一历史进程和历史特点。拨乱反正，是因为有“乱”。从表面上看，是乱在社会；从实质上看，是乱在党；从根本上看，乱就乱在党的领导，特别是党的路线出了大问题。因此，邓小平在治国的时候，首先抓的就是整党、治党。这是一条非常重要的经验。

同时，这是因为中国共产党是这个国家的执政党，而党在今天所处的历史方位又决定了党的建设和治理面临着前所未有的严峻考验，因此，治国必须先治党。

毛泽东在党的七届二中全会向党发出的警告，说明中国共产党在当时对于执政后党面临的考验，是有预见的，是清醒的。但是，预见不等于能够阻止问题的发生，清醒不等于已经找到问题解决的办法。我们在新中国成立后，特别是在建设社会主义的过程中，还是犯了许多错误。从拨乱反正和改革开放一开始，邓小平就提出党的建设问题，强调这是关系党和国家前途命运的最根本的问题，是治国兴国的最根本的问题。在改革开放不断推进和深入的过程中，他越来越重视这个问题。1980 年 2 月，在党的十一届五中全会上，邓小平提出了一个全局性的大问题："执政党应该是一个什么样的党，执政党的党员应该怎样才合格，党怎样才叫善于领导？"① 他强调，党的十二大要回答这个问题。但是，他在改革开放过程中对这个揪心的问题并不十分满意。时隔 12 年，在 1992 年南方谈话中，他还言简意赅地说过："中国要出问题，还是出在共产党内部。"②

在应对国内外政治风波的过程中，特别是在处理社会主义市场经济建立过程中党的建设中出现的新问题的时候，江泽民一而再、再而三地提出要深入思考和研究执政党建设的问题。在庆祝中国共产党成立 80 周年大会上的讲话和党的十六大报告中，他提出了著名的"党的历史方位"理论。他深刻地指出："我们党历经革命、建设和改革，已经从领导人民为夺取全国政权而奋斗的党，成为领导人民掌握全国政权并长期执政的党；已经从受到外部封锁和实行计划经济条件下领导国家建设的党，成为对外开放和发展社会主义市场经济条件下领导国

① 邓小平：《坚持党的路线，改进工作方法》，《邓小平文选》第 2 卷，人民出版社，1994 年版，第 276 页。

② 邓小平：《在武昌、深圳、珠海、上海等地的谈话要点》，《邓小平文选》第 3 卷，人民出版社，1993 年版，第 380 页。

家建设的党。”[①] 与此同时，他指出，就在这样的环境下，在我们党的队伍里，“新党员的数量大幅度增加，干部队伍新老交替不断进行，一大批年轻干部走上领导岗位。这给党的发展带来了新活力，也提出了新挑战。”[②] 党所处的历史方位变化是外因，党的队伍发生的变化是内因。外因通过这样的内因，使党发生了两个方面的变化：一方面，使党的队伍不断壮大、活力不断增强，这是主流；另一方面，党风问题日益突出、消极腐败现象不断滋生蔓延，使一些党员干部越来越脱离群众，有的从“社会公仆”变为“社会主人”（官僚），有的从“社会公仆”变为某些利益集团和家属、亲朋好友或情人的“私仆”，走向党和群众的反面。因此，江泽民指出：“我们必须继续围绕在新的历史条件下建设一个什么样的党和怎样建设党这个基本问题，进一步解决提高党的执政能力和领导水平、提高拒腐防变和抵御风险能力这两大历史性课题，全面推进党的建设新的伟大工程。”[③]

应该讲，我们清醒地认识到，党的主流、干部队伍的主流是好的。否则，无法说明中国改革开放和现代化建设为什么能够取得那么大的成就。但是，党的清醒，不仅体现在对改革开放历史性成就的肯定上，更体现在对党所面临的考验和挑战的重视上。进入 21 世纪后，以胡锦涛为总书记的党中央反复提醒全党：“世情、国情、党情的深刻变化对党的建设提出了新的要求，党面临的执政考验、改革开放考验、市场经济考验、外部环境考验是长期的、复杂的、严峻的，落实党要管党、

---

① 江泽民：《全面建设小康社会，开创中国特色社会主义事业新局面》，《江泽民文选》第 3 卷，人民出版社，2006 年版，第 536—537 页。

② 江泽民：《在庆祝中国共产党成立八十周年大会上的讲话》，《江泽民文选》第 3 卷，人民出版社，2006 年版，第 282 页。

③ 江泽民：《在庆祝中国共产党成立八十周年大会上的讲话》，《江泽民文选》第 3 卷，人民出版社，2006 年版，第 272 页。

从严治党的任务比过去任何时候都更为繁重和紧迫。”[1] 这里，提出了党在长期执政和改革开放条件下面临着“四大考验”。在庆祝中国共产党成立 90 周年的时候，胡锦涛在再次强调这“四大考验”的同时，又加上了“四种危险”，指出“精神懈怠的危险，能力不足的危险，脱离群众的危险，消极腐败的危险，更加尖锐地摆在全党面前”[2]。对于这些问题，我们绝不能掉以轻心。因此，研究治国问题，必须先研究执政党问题。而加强执政党的建设和治理问题，不仅要搞清楚我们的党情，包括党的主流和存在的问题，更为重要的是要从这样的党情出发从严治党。这也就是为什么治国必须先治党、治党必须从严的原因。

总之，作为执政党，我们承担的历史使命，是要带领人民治理好中国这个历史悠久但又地域辽阔、人口众多而又经济文化落后的大国。中国共产党勇敢地领导人民进行改革开放这场新的革命，就是为了在世界现代化的大潮中，治理好中国，发展好中国，让中华民族巍然屹立于世界民族之林。这是历史对于我们提出的要求，是时代赋予我们的重任，更是人民对于我们的期待。为不辜负历史、时代、人民的重托，中国共产党清醒而又明确地提出了“治国必先治党”的自我要求。特别是，以习近平同志为核心的党中央更是把这一重要思想落到实处，在党的十八大后在党的建设问题上下了一个先手棋，在全党全国人民中形成了强大的震慑力。

第二，我们需要深入讨论另一个问题：为什么在中国“治党务必从严”？

党要管党，从严治党，是中国共产党的一贯主张。现在，我们党又在十八大后的治国理政实践中秉承“治国必先治党，治党务必从严”的理念，启动了全面从严治党的轮子。在形成和提出“四个全面”战

①《中共中央关于加强和改进新形势下党的建设若干重大问题的决定》辅导读本，人民出版社，2009 年版，第 3 页。

② 胡锦涛：《在庆祝中国共产党成立 90 周年大会上的讲话》，人民出版社，2011 年版，第 10 页。

略布局之时，又把全面从严治党纳入这一战略布局。这对于我们在改革开放和现代化建设的进程中切切实实加强党的建设，具有重大的指导意义。因此，今天和今后我们的党建任务，就是要在“四个全面”战略布局下全面从严治党。

我们要在“四个全面”战略布局下全面从严治党，首先要研究和回答一个基础性的问题：什么叫全面从严治党？

习近平总书记对于这个问题有大量的论述，特别是在2014年10月8日党的群众路线教育实践活动总结大会上，他在第一次提出全面推进从严治党并进行工作部署时，提出了八项要求：一是，落实从严治党责任；二是，坚持思想建党和制度治党紧密结合；三是，严肃党内政治生活；四是，坚持从严管理干部；五是，持续深入改进作风；六是，严明党的纪律；七是，发挥人民监督作用；八是，深入把握从严治党规律。同时，他强调全面推进从严治党的目的，是“两个集中”：使从严治党的一切努力都集中到增强党自我净化、自我完善、自我革新、自我提高的能力上来，集中到提高党的领导能力和执政能力、保持和发展党的先进性和纯洁性上来。联系他在各种场合关于全面从严治党的论述，我们可以认识到，全面从严治党确实是一个具有丰富内涵的科学思想。

（1）全面从严治党是一个战略举措。我们知道，中国共产党是中国特色社会主义事业的领导核心，从严治党是中国特色社会主义事业成功的前提，是协调推进“四个全面”战略布局、实现“两个一百年”奋斗目标的根本保障。在2015年2月2日中央党校举办的省部级主要领导干部专题研讨班上，习近平总书记第一次把“四个全面”定位为“战略布局”。在这个重要讲话中，他深刻地指出：“党的十八大以来，党中央从坚持和发展中国特色社会主义全局出发，提出并形成了全面建成小康社会、全面深化改革、全面依法治国、全面从严治党的战略布局。这个战略布局，既有战略目标，也有战略举措，每一个‘全面’都具有重大战略意义。全面建成小康社会是我们的战略目标，全面深化改革、全面依法治国、全面从严治党是三大战略举措。”① 显而易见，在以习近平同志为核心的党中央治国理政思想中，全面从严治党不是一般的工作任务，也不是一般的工作方针，而是具有全局性、统领性的“战略举措”。这是对全面从严治党的重要定性和定位。今天强调全面从严治党，是在“四个全面”战略布局下的从严治党，是围绕全面建成小康社会这一战略目标的从严治党，是和全面深化改革、全面依法治国相辅相成、相得益彰的从严治党。也就是说，坚持全面从严治党，是为了协调推进“四个全面”战略布局的实现。

（2）全面从严治党的关键在“从严”。客观地说，改革开放以来，我们一直在抓党的建设，每次党代会必讲加强党的建设，讲“党要管党，从严治党”，但是许多问题依然十分严重。这是什么原因呢？习近平总书记说：“这些年来，在一些地方和单位，‘四风’问题越积越多，党内和社会上潜规则越来越盛行，政治生态和社会环境受到污染，根子就在从严治党没有做到位。有些地方和单位看起来党在管党治党，但没有管到位上，没有严到份上。”② 因此，他强调：“世间事，做于细，成于严。从严是我们做好一切工作的重要保障。我们共产党人最讲认真，讲认真就是要严字当头，做事不能应付，做人不能对付，而是要把讲认真贯彻到一切工作中去，作风建设如此，党的建设如此，党和国家一切工作都如此。一切何必当真的观念，一切干一下得了的想法，一切得过且过的心态，都是对党和人民事业有大害而无一利的，都是万万要不得的！”③“只要真管真严、敢管敢严、长管长严，而不是管一

①《人民日报》，2015 年 2 月 3 日。
②《人民日报》，2014 年 10 月 9 日。
③ 同上。

阵放一阵、严一阵松一阵，就没有什么解决不了的问题，就不至于使小矛盾积重难返、小问题酿成大患。”[①] 所以，今天讲全面从严治党，关键就在“从严”二字。

（3）全面从严治党，功夫要用在“全面”。在改革开放新形势下加强党的建设，单纯抓某一个方面的建设，都难以收到良好的成效，这是我们在实践中获得的深刻认识。因此，在党的十四届四中全会上，我们把党的建设作为“新的伟大工程”提了出来，“工程”就有全面、系统之意。后来，在十五大、十六大、十七大、十八大逐步形成和完善了全面推进党的建设新的伟大工程的总体布局。这就是，要通过党的思想建设、组织建设、作风建设、反腐倡廉建设、制度建设这“五位一体”的建设，全面加强党的建设。党的十九大通过的党章又把政治建设、纪律建设纳入党的建设总体布局，并且凸显了党的政治建设在党的建设中的统领地位。按照习近平总书记关于全面从严治党的论述，“全面”不仅是指从严治党的领域包括这“五位一体”的党建总布局，而且是指从严治党的重点对象是从县处级以上到中央政治局委员和中央政治局常委，包括在位的和离退休的各级领导干部，治党的对象同时也包括乡镇干部和基层党员。与此同时，习近平总书记还强调，从严治党的方法，既包括依纪惩治，也包括“照镜子、正衣冠、洗洗澡、治治病”[②] 式的教育。因此，要切实抓好全面从严治党，必须下大功夫。功夫要用在“全面”上。

---

①《人民日报》，2014 年 10 月 9 日。

②“照镜子”，主要是以党章为镜，对照党的纪律、群众期盼、先进典型，对照改进作风要求，在宗旨意识、工作作风、廉洁自律上摆问题、找差距、明方向。“正衣冠”，主要是按照为民务实清廉的要求，勇于正视缺点和不足，严明党的纪律特别是政治纪律，敢于触及思想、正视矛盾和问题，从自己做起，从现在改起，端正行为，自觉把党性修养正一正、把党员义务理一理、把党纪国法紧一紧，保持共产党人良好形象。“洗洗澡”，主要是以整风的精神开展批评和自我批评，深入分析发生问题的原因，清洗思想和行为上的灰尘，保持共产党人政治本色。“治治病”，主要是坚持惩前毖后、治病救人方针，区别情况、对症下药，对作风方面存在问题的党员、干部进行教育提醒，对问题严重的进行查处，对不正之风和突出问题进行专项治理。

（4）全面从严治党，特点在“先治”。我们过去讲党建抓党建，文章写在最后部分，工作做在保障上。形象地说，党建在足球场上是“后卫”，而不是“前锋”。我们注意到，十八大后，以习近平同志为核心的党中央在推进中国特色社会主义事业发展的时候，秉持“治国必先治党，治党务必从严”的理念，传达学习了十八大精神后，立刻部署反腐败斗争和群众路线教育实践活动，全党上下雷厉风行抓党的建设，就像下围棋一样下了一个“先手棋”。就这样，在全党上下形成了一种整顿党的作风和队伍的强大震撼力、威慑力，谁也不再把党建看作是可抓可不抓、可紧可松的软任务了。由此形成和提出的“全面从严治党”的战略思想，对于其内涵及其意义，也已经不能仅仅从字面上去理解它了。

（5）全面从严治党的核心是加强党的领导。党的领导是中国特色社会主义制度的最大优势，是实现经济社会持续健康发展的根本政治保证，也是党的基本路线中所坚持的“四项基本原则”中的核心。国内外所有敌对势力否定我们的进步、丑化我们的制度、夸大我们的不足、输入他们的价值观，都是为了否定和取消中国共产党在中国的领导。而我们党的工作中出现的问题，特别是党内出现的种种消极腐败问题，不仅为敌对势力提供口实，而且直接削弱了党与人民群众的血肉联系，削弱了党的领导能力和执政基础。当前，我们面临着党的领导弱化和脱离群众、组织涣散和纪律松弛等问题，这些问题对党的杀伤力要远远大于来自外部的诬蔑攻击。因此，坚持全面从严治党，始终要围绕坚持党的领导这一核心问题推进，在这样的问题上绝不能书生气十足。

综上所述，在中国，“治国”与“治党”不可分割。治国必先治党，治党又是治国的关键组成部分。中国特色“治国论”内在地包括了“治党论”。

思想建党和制度治党相结合

正因为在中国治党是治国的关键，那么，我们就要进一步研究中国共产党在治国中是怎么治党的。2016 年 10 月 24 日至 27 日召开的党的十八届六中全会，是着眼协调推进“四个全面”战略布局、专题研究部署全面从严治党的一次重要会议。从全会的议题和通过的文件中，从习近平总书记在全会的重要讲话中，我们可以清晰地认识到，这次全会在党的历史上具有重大的政治意义，把党的十八大以来全面从严治党的实践推进到了一个新的发展阶段。

党的十八届六中全会完成了三项主要任务：一是听取和讨论了习近平总书记受中央政治局委托所作的工作报告；二是审议通过了《关于新形势下党内政治生活的若干准则》和《中国共产党党内监督条例》；三是审议通过了《关于召开党的十九次全国代表大会的决议》。这次全会所做的工作及其地位和意义已经写在历史上，是中国共产党在加强自身建设历史上的重要里程碑。

这次全会的意义之一，就是深入总结了党的十八大以来全面从严治党的经验，把思想建党和制度治党结合起来，把严肃和规范党内政治生活这一重大问题提上了议事日程，全面从严治党由此进入了一个新阶段。十八大以来，党中央秉持“治国必先治党，治党务必从严”的理念，一手大张旗鼓抓党的思想政治教育，包括开展群众路线教育实践活动、“三严三实”专题教育、“两学一做”学习教育；一手雷厉风行反腐败，“老虎”、“苍蝇”一起打，坚持全面从严治党，取得了令全党全国人民充分肯定的进展和成就。与此同时，党中央在习近平总书记领导下，深入总结从严治党的经验，完善从严治党的布局，“两手”归一体，落到严肃政治生活上。早在开展党的群众路线教育实践活动和“三严三实”专题教育中，不少同志就已经建议结合新的形势，制定一个加强和规范党内政治生活的文件。2014 年 1 月 12 日，习近平总书记在给刘云山、王岐山同志的批示中指出:“1980 年制定的《关于党内政治生活的若干准则》，对于当时恢复和健全党内民主、维护党的集中统一、严肃党的纪律、促进党的团结，实现政治上、思想上、组织上、作风上的拨乱反正，实现全党工作中心的转移，发挥了重要历史作用。当前,《准则》对我们严肃和规范党内政治生活、弘扬党的优良传统和作风仍具有重要现实指导意义。”与此同时，习近平总书记指出:“30 多年来，形势任务和党内情况发生了很大变化，党的建设既积累了大量新成果新经验，又面临许多新情况新问题。请你们考虑是否适当时机由中央就新形势下加强和规范党内政治生活作出一个决定，提出新的要求。”[①] 从那时起，中央有关部门就加强和规范党内政治生活问题，围绕制定准则、修订条例，做了大量工作，进行了广泛深入的调查研究。党的十八届六中全会总结了我们党开展党内政治生活的历史经验，分析了全面从严治党面临的形势和任务，认为党要管党必须从党内政治生活管起，从严治党必须从党内政治生活严起。为更好地进行具有许多新的历史特点的伟大斗争、推进党的建设新的伟大工程、推进中国特色社会主义伟大事业，经受“四大考验”、克服“四种危险”，决定制定一部新形势下党内政治生活的准则，修订党内监督条例。这一举措，表明十八大以来持续推进的全面从严治党进入到了一个新阶段。这次全会是全面从严治党的里程碑。

这次全会的意义之二，就是在党的十八届三中、四中、五中全会基础上，完善了“四个全面”战略布局。党的十八大以来，以习近平同志为核心的党中央在治国理政中，形成并提出了“四个全面”战略布局。这是党中央从实现“两个一百年”奋斗目标、实现中华民族伟

①《人民日报》，2016 年 11 月 3 日。

大复兴的中国梦的战略高度，统筹国内国际两个大局，把握中国发展新特征确定的治国理政新方略，是新的时代条件下推进改革开放和社会主义现代化建设、坚持和发展中国特色社会主义的战略抉择。党的十八届三中、四中、五中全会已经专题研究和部署了全面深化改革、全面依法治国、全面建成小康社会，这次党的十八届六中全会又专题研究和部署了全面从严治党，从而完善了“四个全面”战略布局。习近平总书记说，“四个全面”分别通过一次中央全会进行了研究和部署。这是党中央根据“四个全面”战略布局对全会议题的一个整体设计。这意味着，我们这次研究和部署全面从严治党，是从“四个全面”战略布局的整体着眼的，是服务于全面建成小康社会这一战略目标，同全面深化改革和全面依法治国这两大战略举措相配套的战略举措。在这个意义上，我们也可以体会到这次全会是我们全面从严治党的里程碑。

这次全会的意义之三，就是在2015年中央政治局民主生活会上提出增强政治意识、大局意识、核心意识、看齐意识的基础上，确定了习近平总书记在党中央和全党的“核心”地位。在中宣部举行的新闻发布会上，中宣部常务副部长黄坤明在回答记者提出的关于“核心”问题的提问时，从三个方面论述了这个问题：一是，从党和国家的事业需要来说，一个国家、一个政党，领导核心至关重要。明确习近平总书记的核心地位，这是我们党和国家的根本利益所在，是坚持和加强党的领导的根本保证，是进行具有新的历史特点的伟大斗争、坚持和发展中国特色社会主义的迫切需要。二是，从习近平总书记本人的贡献来说，十八大以来，习近平总书记带领全党全军全国各族人民开创了中国特色社会主义伟大事业和党的建设新的伟大工程新局面，在改革发展稳定、内政外交国防、治党治国治军等各方面取得了一系列具有重要现实意义和深远历史意义的成就，实现了党和国家事业的继往开来，赢得了全党全军全国各族人民的衷心拥护，受到了国际社会的高度赞赏。也就是说，习近平总书记在新的伟大斗争实践中，已经成为党中央的核心、全党的核心。三是，从党的认同来说，习近平总书记成为党的核心，是全党的共识。在党的十八届六中全会文件征求意见的过程中，地方、部门以及军队，都希望这次全会明确习近平总书记为党中央的核心、全党的核心。在这次全会上，中央委员会委员一致赞成正式提出“以习近平同志为核心的党中央”，一致认为十八大以来的实践充分证明，习近平总书记作为党中央的核心、全党的核心，是众望所归，当之无愧、名副其实；一致表示明确习近平总书记的核心地位，反映了全党的共同意志，反映了全党全军全国各族人民的共同心愿。这一决策的意义非同寻常，也体现了这次全会是全面从严治党的里程碑。

这次全会的意义之四，就是从全会筹备到召开的全过程和会后的系列动作都体现了党内民主的完善。我们已经知道，这次全会研究的主题是党中央根据许多同志的建议确定的。为起草好文件，2016 年 3 月 1 日，党中央还发出《中共中央关于对党的十八届六中全会研究加强和规范党内政治生活问题、修订〈中国共产党党内监督条例（试行）〉征求意见的通知》，在党内一定范围内听取各个方面的意见。文件起草过程中，起草组开展专题调研，广泛征求意见和建议，反复讨论修改。8 月初，文件征求意见稿下发到党内一定范围内征求意见，包括征求党内部分老同志的意见，还在 8 月 26 日召开党外人士座谈会，听取各民主党派和工商联、无党派人士代表的意见。各地区各部门各方面对两个文件稿提出了许多好的意见和建议，据统计，共提出 1955 条修改意见，扣除重复意见后为 1582 条，其中原则性意见 354 条、具体意见 1228 条。其间，中央政治局常委会召开 3 次会议、中央政治局召开 2 次会议，分别审议文件稿。党中央责成文件起草组认真梳理和研究各方面提出的意见和建议，文件起草组对两个文件稿作了许多重要修改。

在会上，中央委员更是热烈讨论，畅所欲言，会议开得十分民主。比如，在征求意见的过程中，一些地方和单位建议把准则稿搞成条例那样的体例，习近平总书记在会上专门回答了这个问题，这种形式也体现了党内民主。我们注意到，这次全会从会前预告到会后的新闻发布，以及全会文件的公开发表，都非常及时、充分，这已经体现了中国共产党的自信，体现了党务的公开性和党内民主，体现了党的进步。

显而易见，这次全会所做的工作是党中央专题研究全面从严治党、完善“四个全面”战略布局的重要举措。正是在这样的意义上，我们说，党的十八届六中全会是全面从严治党的里程碑。

那么，什么是党的十八届六中全会精神呢？毫无疑问，全会的精神主要体现在习近平总书记在全会上的重要讲话和全会审议通过的《关于新形势下党内政治生活的若干准则》、《中国共产党党内监督条例》这两个文件中。而贯穿这一个重要讲话、两个文件的主题就是：把思想建党和制度治党结合起来，加强和规范党内政治生活，加强党内监督，净化党内政治生态。或者简明地说，就是要严肃和规范党内政治生活。

我们注意到，在听取党外人士关于制定《关于新形势下党内政治生活的若干准则》和《中国共产党党内监督条例》这两个文件的意见时，习近平总书记指出，加强和规范中国共产党党内政治生活是新形势下加强党的建设、从严治党的一个十分重要的课题，我们之所以要用一次全会来讨论这个议题，就是认为开展严肃认真的党内政治生活，对解决好中国共产党党内存在的突出问题和矛盾十分紧要。这段话，既说明了加强和规范党内政治生活的必要性和紧迫性，也说明了十八届六中全会审议通过的两个文件的主题及其主要精神，是要严肃和规范党内政治生活。

第一，我们要认识到，十八届六中全会通过的两个文件有着同样的需要、同样的原则，贯穿着同一个主题，即严肃和规范党内政治生活。习近平总书记在对这两个文件作说明时指出，这两个文件的起草有着同样的需要，贯彻的是同样的原则。同样的“需要”，就是习近平总书记指出的：一是完善“四个全面”战略布局的需要，二是深化全面从严治党的需要，三是解决党内存在的突出问题的需要。同样的“原则”，就是习近平总书记指出的四大原则：一是突出全面从严治党这个主题，继承和发扬党的优良传统和宝贵经验，着力贯彻党的十八大以来党中央提出的新理念新思想新战略，反映党中央推进全面从严治党的新经验新举措，并结合新的实践提出新观点新举措，体现时代性、创新性。二是坚持以党章为根本依据，着力把党章关于党内政治生活和党内监督的要求具体化，把改革开放以来特别是近年来党中央出台的重要文件和党内法规中关于党内政治生活、党内监督的有关规定和要求系统化，推动党内政治生活和党内监督制度化、规范化、程序化。三是坚持问题导向，聚焦党内政治生活和党内监督存在的薄弱环节，着力围绕理论、思想、制度构建体系，围绕权力、责任、担当设计制度，推动解决党内政治生活庸俗化、随意化、平淡化和党内监督制度不健全、覆盖不到位、责任不明晰、执行不力等问题。四是坚持统筹协调，加强顶层设计和系统谋划，着力处理好新准则、新条例和老准则、老条例以及其他党内法规的关系，做到既一脉相承又与时俱进。同时，坚持必要性和可行性相统一，既从政治上对加强和规范党内政治生活、加强党内监督提出原则性要求，又针对问题提出切实可行的措施和办法，不搞面面俱到。正是这两个“同样”——“同样的需要”、“同样的原则”，从根本上决定了它们具有同样的主题。这个主题，就是把思想建党和制度治党结合起来，加强和规范党内政治生活，加强党内监督，净化党内政治生态。

这里，我们需要了解什么是党内政治生活，什么是党内政治生态。在民主革命时期，我们党比较集中地解决党内政治生活上存在的问题，主要是两次：一次是古田会议；一次是延安时期。古田会议主要解决的是红四军党内在政治生活方面存在的突出问题。“政治生活”这个概念，就是在古田会议上毛泽东批评极端民主化时采用的。延安时期解决的，不仅仅是军队党内存在的问题，而且是全党存在的问题，是党成立以来，在大革命失败特别是在土地革命时期和抗日战争开始后，党内在政治生活方面存在的突出问题。实践告诉我们，党内政治生活健康与否，涉及党内同志间的相互关系和党内风气，关系到党的团结和党的战斗力。我们在总结“文化大革命”的经验教训时，认为导致毛泽东这样伟大的无产阶级革命家犯错误的重要原因，就是党内政治生活不正常。1980年制定《关于党内政治生活的若干准则》，就是为了解决这个问题。当年制定的《准则》和这次新制定的《准则》，对“准则”的内容有全面的概括，从中可以认识到“党内政治生活”的科学内涵。一般来讲，党内政治生活应该指的是党员在党内的存在方式、活动方式、相互关系、党内风气、奖惩制度和处理问题的方式等，是党的性质、指导思想、根本宗旨、组织原则在党内处理上下左右各方面关系和开展各项活动中的体现。如果党内政治生活不健全不严肃，党内政治生态就会出大问题。

“党内政治生态”问题，是党的十八大后提出的新问题。“生态”是指一切生物的生存状态，以及生物个体之间、生物和环境之间的关系。“党内政治生态”也应该包括三个方面的内容和要求，即包括党员和党的干部的存在方式、党员之间特别是干部之间的相互关系、党和人民群众特别是领导干部和人民群众的关系。按照中国共产党的性质和宗旨，健康的政治生态应该是党员干部有坚定的理想信念，有党的观念和党员意识；讲党性、守纪律，在思想上政治上行动上自觉和党中央保持一致；党员干部能够自觉参加党的支部活动并过组织生活；党内应该是有民主氛围，同志之间相处讲原则讲团结，同时又能开展经常性的批评与自我批评，反对党员干部之间的好人主义特别是相互吹捧的庸俗风气；党员干部应该能够密切联系群众，在群众中发挥先锋模范作用，同时自觉接受群众监督，维护党的形象。

党内政治生活正常与否和政治生态健康与否有密切的关系，政治生活影响政治生态，政治生态又反过来影响政治生活。党中央提出要严肃党内政治生活，加强党内监督，净化党内政治生态，就是要把全面从严治党制度化、规范化、程序化，持之以恒地加强党的建设。

第二，我们要搞清楚为什么要加强和规范党内政治生活，加强党内监督，净化党内政治生态。一是，历史经验告诉我们，加强党的建设，必须营造一个良好的政治生态，为此，要有一个健康的政治生活。中国共产党是由科学信仰凝聚起来的，是按照民主集中制原则组织起来的，同时是在健康的党内政治生活中锻炼出来的。中国共产党在长期的革命、建设和改革中能够立于不败之地，就在于有坚定的信仰、严密的组织、健全的政治生活。因此，在 2014 年 6 月 30 日中央政治局第十六次集体学习的时候，习近平总书记强调指出，加强党的建设，必须营造一个良好的从政环境，也就是要有一个好的政治生态。二是，十八大后，全面从严治党特别是反腐倡廉中暴露出来的触目惊心的事实告诉我们，党内存在的问题不仅面广量大、层次高，而且是整个党内政治生态已经出问题，必须把重新健全党内政治生活提上重要议事日程。习近平总书记在这次十八届六中全会上说，在长期实践中，党内政治生活状况总体是好的，但一个时期以来，也出现了一些亟待解决的突出矛盾和问题，主要是：在一些党员、干部包括高级干部中，理想信念不坚定、对党不忠诚、纪律松弛、脱离群众、独断专行、弄虚作假、庸懒无为，个人主义、分散主义、自由主义、好人主义、宗派主义、山头主义、拜金主义不同程度地存在，形式主义、官僚主义、享乐主义和奢靡之风问题突出，任人唯亲、跑官要官、买官卖官、拉票贿选现象屡禁不止，滥用权力、贪污受贿、腐化堕落、违法乱纪等现象滋生蔓延。特别是高级干部中极少数人政治野心膨胀、权欲熏心，搞阳奉阴违、结党营私、团团伙伙、拉帮结派、谋取权位等政治阴谋活动。这些问题，严重侵蚀党的思想道德基础，严重破坏党的团结和集中统一，严重损害党内政治生态和党的形象，严重影响党和人民事业发展。特别是，周永康、薄熙来、郭伯雄、徐才厚、令计划等人严重违纪违法案件，不仅暴露出他们在经济上存在严重问题，而且暴露出他们在政治上也存在严重问题，教训十分深刻。这就使我们认识到，要解决党内存在的一些突出矛盾和问题，必须把党的思想政治建设摆在首位，营造风清气正的政治生态。三是，在十八大后已经形成的“不敢腐”的威慑力下，进一步形成“不能腐”、“不想腐”的机制，从根本上清除腐败滋生的土壤和条件。近几年来，中国的自然生态恶化令人担忧，政治生态恶化更令人担忧。比如，在政治生活中遇到可以提拔的机会，不去给领导或有关人员打招呼就感到心里不踏实，人家给领导送礼，自己送不送心里很纠结，产生了本不应该有的压力，这就是政治生态出了问题。包括在部队里，好多军队干部提升都有这种压力，后来证实出大问题了。如果干部为提拔都争先恐后地为领导送礼，那整个政治生态就恶化了。这几年党内出现的问题，诸如权钱交易、权色交易、官商勾结、任人唯亲、买官卖官等腐败现象不但屡禁不止，没有能够得到有效遏制，而且有的方面逐渐演变成某种潜规则，形成与中国特色社会主义理论和马克思主义执政党思想格格不入的社会政治生态。当“没有钱办不成事”的个别现象变成“没有钱办不成的事”这一普遍现象的时候，当不以买官卖官为耻、反以买官卖官为荣的时候，诸如此类，我们的政治生态就出现大问题了。这种不良的从政环境和政治生态比出几个腐败分子更为可怕，因为他们是不断滋生腐败的环境和土壤。加强和规范党内政治生活，加强党内监督，就是要净化党内政治生态，清除腐败滋生蔓延的土壤和条件。

第三，最重要的是，我们要认识到，制定《准则》和《条例》是严肃党内政治生活、净化党内政治生态的重大举措。党的十八届六中全会制定《关于新形势下党内政治生活若干准则》和《中国共产党党内监督条例》，就是要为解决党内政治生活和党内监督中存在的问题，制定一整套净化党内政治生态的规矩和做法。

党的十八届六中全会制定的《准则》有四个特点：第一，位阶较高。习近平总书记在全会上在对《准则》作说明时指出："准则在党内法规体系中位阶比较高，仅次于党章。这次制定的准则，是一个思想性、政治性、综合性很强的文件，要总结我们党长期以来在开展党内政治生活方面形成的宝贵经验和基本规范，阐明党关于开展严肃认真的党内政治生活的原则和立场，有很多问题需要讲讲道理。做到这些，用条例那样的体例是难以容纳的。至于涉及的一些具体规定，有些党内有关法规已经明确了，有些要进一步在今后其他有关法规的制订中贯彻落实。现在的准则稿同 1980 年准则风格是一致的。"[①] 第二，目标明确。强调新形势下加强和规范党内政治生活，必须以党章为根本遵循，坚持党的政治路线、思想路线、组织路线、群众路线，着力增强党内政治生活的政治性、时代性、原则性、战斗性，着力增强党自我净化、自我完善、自我革新、自我提高的能力，着力提高党的领导水平和执政水平、增强拒腐防变和抵御风险能力，着力维护党中央权威、保证党的团结统一、保持党的先进性和纯洁性，努力在全党形成有集中又有民主、有纪律又有自由、有统一意志又有个人心情舒畅的生动活泼的政治局面。第三，重点明确。强调新形势下加强和规范党内政治生活，重点是各级领导机关和领导干部，关键是高级干部，特别是

①《人民日报》，2016 年 11 月 3 日。

中央委员会、中央政治局、中央政治局常务委员会的组成人员。要求高级干部特别是中央领导层组成人员必须以身作则，模范遵守党章党规，严守党的政治纪律和政治规矩，坚持不忘初心、继续前进，坚持率先垂范、以上率下，为全党全社会作出示范。第四，要求明确。《准则》围绕坚定理想信念、坚持党的基本路线、坚决维护党中央权威、严明党的政治纪律、保持党同人民群众的血肉联系、坚持民主集中制原则、发扬党内民主和保障党员权利、坚持正确选人用人导向、严格党的组织生活制度、开展批评和自我批评、加强对权力运行的制约和监督、保持清正廉洁的政治本色共 12 个方面，分别提出明确要求，作出具体规定。

党的十八届六中全会制定的《条例》，也十分重要。它不仅阐述了党内监督的指导思想、基本原则、监督内容、监督对象、监督方式以及强化自我监督、构建党内监督体系等重要问题，还分别就党的中央组织、党委（党组）、党的纪律检查委员会、基层党组织和党员这四类监督主体的监督职责以及相应监督制度作出规定。其中，将党的中央组织的监督单设一章，是对现行条例的突破，体现党中央以身作则、以上率下。同时，《条例》还分别就党内监督和外部监督相结合、整改和保障等作出规定。

因此，我们完全可以说，党的十八届六中全会制定的《准则》和《条例》，标志着中国共产党在全面从严治党的征途上，进入了加强和规范党内政治生活、加强党内监督、净化党内政治生态的新阶段。

从严治党和从严治军

讨论“治党”与“治国”的关系，已经内在地包含了“治党”与

“治军”的关系。因为军队本来就是国家机器的重要组成部分，治国必须治军，而我们的人民军队不仅是中国共产党创建的，还是中国共产党绝对领导下的军队，治军必须治党。党的十八大以来，以习近平同志为核心的党中央，在治国理政过程中坚持全面从严治党，就包括了从严治军的要求。

回顾党的十八大后，习近平总书记从严治党治军所作出的决策和所采取的措施，确实可圈可点，对推进国家治理产生了重大而又深远的影响。

首先，党中央明确治军是为了强军。中国古代典籍《孙子兵法》有言：“兵者，国之大事，死生之地，存亡之道，不可不察也。”党的十八大以来，如何治军强军，一直是习近平总书记的重要关切。他强调指出：“实现中华民族伟大复兴，是中华民族近代以来最伟大的梦想。可以说，这个梦想是强国梦，对军队来说，也是强军梦。”[①] 我们知道，没有一支强大的军队，没有一个巩固的国防，强国梦就难以真正实现。习近平总书记针对今天形势下军队承担的任务和面临的突出问题，提出建设一支听党指挥、能打胜仗、作风优良的人民军队，是党在新形势下的强军目标。他说，我们不希望打仗，但只有我们有准备、有强大军事力量、有打赢能力，才能从战略上实现不战而屈人之兵，达到“以武止戈”的目的。他还对这个强军目标进行了深刻阐释，强调听党指挥是强军之魂，能打仗、打胜仗是强军之要，依法治军、从严治军是强军之基。我们要走中国特色强军之路，推动军队现代化建设跨越式发展，努力建设与中国国际地位相称、与国家安全和发展利益相适应的巩固国防和强大军队。习近平总书记作为中央军委主席，十八大以来为加强军队建设所做的一切，都是为了实现这一强军目标。特别

① 习近平：《努力建设巩固国防和强大军队》，《习近平谈治国理政》，外文出版社，2014 年版，第 219 页。

是，他领导军委大刀阔斧推进军队改革，制定了新形势下的军事战略方针，作出一系列深化国防和军队改革的重大决策部署。按照军委管总、战区主战、军种主建的总原则，原军委四总部（即总政治部、总参谋部、总后勤部、总装备部）改为15个职能部门，七大军区也调整为五大战区，中国特色强军之路迈出关键一步。

同时，党中央明确，治军是要把政治建军提升到新水平。在习近平被选为中央军委主席的第一天，他就强调："我们要始终保持清醒头脑，倍加珍惜一代代官兵不懈奋斗取得的巨大成就，倍加珍惜长期实践中积累的宝贵经验，倍加珍惜当前军队建设发展的大好局面，忠心耿耿为党和人民工作。"[①] 他在重申要毫不动摇坚持党对军队绝对领导这一原则的时候，强调要加强军队党的建设，确保党从思想上、政治上、组织上牢牢掌握部队。要坚持从政治上考察和使用干部，使枪杆子始终掌握在忠于党的可靠的人手中。还要严肃政治纪律和组织纪律，坚决维护党中央、中央军委权威，确保政令军令畅通。

党中央还在全面从严治党进程中，在军队内部开展了雷厉风行的反腐败斗争。在以习近平同志为核心的党中央和中央军委的坚强领导下，以总后勤部谷俊山案件为突破口，揭露了军队高层以徐才厚、郭伯雄为代表的腐败案件，深入推进依法治军、从严治军，处理了一批军内"大老虎"。并且，在全军用这些反面教材开展警示教育，使军队各级干部特别是高级干部受警醒、明底线、知敬畏，切实引以为戒。

2014年10月30日，全军政治工作会议在福建省上杭县古田镇召开。中共中央总书记、中央军委主席习近平出席会议并发表重要讲话。历史上，中国共产党红军第四军第九次代表大会于1929年12月在福建上杭县古田召开，这次会议是中国共产党和中国共产党领导的人民

---

① 习近平：《把国防和军队建设不断推向前进》，《习近平谈治国理政》，外文出版社，2014年版，第215页。

军队建设史上的重要里程碑。时隔85年，全军政治工作会议在古田召开。这次全军政治工作会议，是习近平主席亲自提议在古田召开的。会议的主要任务是，贯彻整风精神，研究解决新的历史条件下党从思想上政治上建设军队的重大问题。习近平主席说："在古田会议召开85周年之际，我们再次来到这里，目的是寻根溯源，深入思考当初是从哪里出发的、为什么出发的。"这次全军政治工作会议弘扬古田会议优良传统，贯彻整风精神，研究解决新的历史条件下党从思想上政治上建设军队的重大问题。因此，这次会议被称为"第二次古田会议"。习近平主席深刻指出："坚持从思想上政治上建设部队，是我军建设的一条基本原则，是能打仗、打胜仗的政治保证。过去我们是这么做的，现在也必须这么做。"新形势新任务，要求人民军队把思想政治建设抓得更加扎实有效，永葆人民军队性质、本色、作风，确保我军永远立于不败之地。他在会上强调，军队政治工作的时代主题是，紧紧围绕实现中华民族伟大复兴的中国梦，为实现党在新形势下的强军目标提供坚强政治保证。[①] 以召开的人民军队历史上第二次古田会议为标志，政治建军提升到了一个新水平。

从中我们可以体会到，无论是治国，还是治军，都必须紧紧抓住从严治党这个关键。从严治党是从严治军的根本保证。

以上率下，严肃和规范党内政治生活

党的十八大以来，以习近平同志为核心的党中央坚持全面从严治党的一个突出特点，就是以身作则，率先垂范，以上率下，管党治党。

① 新华网2014年11月2日电，《在古田会议光芒照耀下——习近平主席出席全军政治工作会议侧记》。

党的十八届六中全会总结了这一重要经验，强调指出，新形势下加强和规范党内政治生活，重点是各级领导机关和领导干部，关键是高级干部，特别是中央委员会、中央政治局、中央政治局常务委员会的组成人员。明确这一点非常重要，不仅有利于凝聚党心民心，进一步解放和发展社会生产力，而且坚持以上率下，严肃党内政治生活，丰富发展了中国共产党在加强自身建设中积累的重要经验，体现了今天全面从严治党的客观要求，是解决执政党建设的根本治党之策。

第一，坚持以上率下，以领导机关和领导干部为重点，抓好高级干部队伍建设是党的建设的重要经验和重要任务。在党领导革命、建设和改革的 90 多年的征程中，加强党的建设始终是我们的一大法宝。而加强党的建设，最重要的就是要加强党的领导机关和领导干部的建设，特别是加强党的高级干部队伍建设。我们可以回想一下党的建设的历史和几个著名的党建文献，无论是土地革命战争时期的古田会议决议，还是抗日战争时期的《关于增强党性的决定》和延安整风及其形成的《关于若干历史问题的决议》；无论是从新民主主义到社会主义过渡时期的《关于增强党的团结的决议》，还是在拨乱反正和改革开放初期制定的《关于党内政治生活的若干准则》和《关于建国以来党的若干历史问题的决议》，这些党的建设的重大举措和重要文献，重点针对并要解决的都是党的领导层特别是高层领导中出现的问题。

中国共产党在加强党的领导机关和领导干部特别是高级干部队伍建设、解决领导层问题等方面，积累了丰富的经验。比如，延安时期，在解决土地革命和抗日战争初期党内存在的突出问题，特别是王明、张国焘等领导人问题时，党中央抓了八件事：一是抓学习。在 1938 年扩大的六届六中全会后，全党在毛泽东的号召下兴起了学习的高潮，学习马克思主义理论，学习历史，学习现实运动经验，推进了马克思主义中国化，提高了领导干部特别是高级干部的思想政治素养。特别是著名的延安整风，不仅在反对主观主义、宗派主义、党八股中形成了实事求是的思想路线，而且创造了和“残酷斗争、无情打击”完全不同的党内斗争方式，形成了在学习中自觉纠正错误思想、向党中央基准看齐的重要经验。二是抓重点。在党内政治生活不正常的情况下，特别是在主要领导人犯错误的情况下，党内许多同志难免会受到牵连和影响。毛泽东在延安整风时明确指出，整风是全党的，包括各部门各级干部在内，但主要的对象是高中级干部，特别是高级干部。毛泽东曾经说过：“犯思想病最顽固的也是这些干部中的人”①，“只要把他们教育好了，下级干部的进步就快了”②。三是抓批评与自我批评。毛泽东说过，整风就是全党通过批评和自我批评来学习马克思主义。党内政治生活的政治性、时代性、原则性、战斗性，主要就体现在党内有积极的思想斗争，有批评与自我批评。对错误的思想和作派要开展严肃的批评与自我批评，同时批评错了也要主动检讨，这样才能形成健康的党内政治生活。这也是党内民主的生动体现。四是抓民主集中制。针对小生产占优势的国家民主不够、集中也不够这两方面问题，强调党内生活既是民主的又是集中的，实行“在民主基础上的集中，集中指导下的民主”的民主集中制。五是抓纪律。按照民主集中制的要求，重申了“四个服从”，即个人服从组织、少数服从多数、下级服从上级、全党服从中央。毛泽东指出：“必须对党员进行有关党的纪律的教育，既使一般党员能遵守纪律，又使一般党员能监督党的领袖人物也一起遵守纪律，避免再发生张国焘事件。”他还指出：“为使党内关系走上正轨，除了上述四项最重要的纪律外，还须制定一种较详细的党内

---

① 毛泽东：《争取在抗战胜利后与国民党建立和平局面》，《毛泽东文集》第3卷，人民出版社，2009年版，第2页。

② 毛泽东：《关于整风问题给聂荣臻的电报》，《毛泽东年谱（1893—1949）》中卷，中央文献出版社，2013年版，第391页。

法规，以统一各级领导机关的行动。”[①] 六是抓党性。在 1941 年颁布了关于增强党性的决定，强调不允许任何党员和任何地方党部自成系统及对全国性问题任意对外发表主张，坚决肃清阳奉阴违的两面性现象，不纵容错误继续发展，加强党的纪律教育，开展批评与自我批评，中央委员和各级领导干部都必须参加支部组织并过组织生活。七是抓制度。在扩大的六届六中全会上，为健全党中央和各级党委的工作制度，专门通过了《关于中央委员会工作规则与纪律的规定》、《关于各级党委暂行组织机构的决定》、《关于各级党部工作规则与纪律的规定》。特别是，党中央在 1943 年 3 月加强了政治局建设，完善了中央书记处工作，明确毛泽东为中央政治局和书记处主席，强调对于书记处所讨论的问题，“主席有最后决定之权”。八是抓团结。在延安整风时期，中国共产党一再强调并始终坚持的方针，就是“惩前毖后，治病救人”。也就是既要“弄清思想”，又要“团结同志”；既要他不“讳疾忌医”，又要帮他“治病救人”。整顿党的作风，澄清党内错误思想，坚持民主集中制，维护党中央权威，都是为了巩固党的团结和统一，增强党的战斗力。这些实践经验告诉我们，加强党的建设是一项全局性的工作，但重点是加强党的领导机关和领导干部建设，关键是要加强高级干部特别是中央委员会、中央政治局、中央政治局常务委员会的组成人员的政治建设、思想建设、组织建设、作风建设、制度建设和反腐倡廉建设。只有坚持以上率下从严治党，以上率下加强和规范党内政治生活，才能把党建设成为一个既有先进性和纯洁性，又有坚强战斗力的马克思主义政党。

第二，改革开放对坚持以上率下，以领导机关和领导干部为重点，加强高级干部队伍建设提出了新的更高的要求。改革开放以来，由于

① 毛泽东：《中国共产党在民族战争中的地位》，《毛泽东选集》第 2 卷，人民出版社，2009 年版，第 528 页。

党所处的历史方位发生了根本的变化，党面临的“四大考验”、“四种危险”越来越凸显出来。邓小平在交班时告诫中央领导同志：“常委会的同志要聚精会神地抓党的建设，这个党该抓了，不抓不行了。”[①] 在邓小平的政治交代中，集中讲的一个问题是：党的建设，最重要的，是中央领导层的思想、政治、组织和制度建设。他明确指出：“只要有一个好的政治局，特别是有一个好的常委会，只要它是团结的，努力工作的，能够成为榜样的，就是在艰苦创业反对腐败方面成为榜样的，什么乱子出来都挡得住。”“国家的命运、党的命运、人民的命运需要有这样一个领导集体。”与此同时，他还明确地说过：“任何一个领导集体都要有一个核心，没有核心的领导是靠不住的。”[②] 他要求全党特别是中央政治局委员和中央政治局常委都要“有意识”地维护党中央的“核心”。他强调“新的中央领导机构要使人民感到面貌一新，感到是一个实行改革的有希望的领导班子。这是最重要的一条。”[③] 邓小平的政治交代，是一个考虑十分成熟的周到的政治交代，让人折服，让人感动，字字句句都体现了邓小平和以他为代表的老一辈革命家对党对人民的无限忠诚。这些政治交代，尽管是对以江泽民为核心的第三代中央领导集体讲的，但由于这些政治交代讲的是中国共产党的建设重点是要建设一个好的中央政治局，特别是好的政治局常委会，讲的是应该组成一个什么样的中央领导集体、新的中央领导集体形成时应该怎样工作等关系到党和国家全局发展的根本问题，具有普遍的指导意义。

第三，十八大以来，党中央坚持以上率下，以领导机关和领导干部

---

① 邓小平：《第三代领导集体的当务之急》，《邓小平文选》第 3 卷，人民出版社，1993 年版，第 314 页。

② 邓小平：《第三代领导集体的当务之急》，《邓小平文选》第 3 卷，人民出版社，1993 年版，第 310 页。

③ 邓小平：《组成一个实行改革的有希望的领导集体》，《邓小平文选》第 3 卷，人民出版社，1993 年版，第 296 页。

为重点，抓好高级干部队伍建设，积累了丰富的新经验。从十八大以来习近平总书记的系列重要讲话中，我们可以注意到，党中央在殚精竭虑治国理政的过程中，始终坚持以党章为根本遵循，深刻总结党的建设的历史经验，直面当前党内政治生活和党内监督存在的突出问题，聚焦党员领导干部特别是高级干部这个“关键少数”，围绕严肃党内政治生活和加强党内监督，提出了一系列明确要求，作出了一系列更加系统、更加具体的规定，并且身体力行付诸实施，积累了许多新鲜经验。一是，带头学习，加强中央政治局思想政治建设。党的十八大后，以习近平同志为核心的党中央在中央领导层的思想建设上的一个亮点，就是重视中央政治局的集体学习。特别是，围绕中国特色社会主义的“旗帜”问题进行了两次集体学习。习近平总书记说，这是因为中国特色社会主义是管全局、管方向、管长远的。在中国，是谁在管全局、管方向、管大局？毫无疑问，首先就是中央委员会、中央政治局、中央政治局常委。因此，“高举旗帜”也好，“理论武装”也好，主要对象是谁？就是中央委员会、中央政治局、中央政治局常委。我们注意到，中央政治局在集体学习中国特色社会主义时，学习的形式也不一样，一般的形式都是有一两个老师做辅导，然后政治局委员讨论，最后是总书记做个总结。但是学习中国特色社会主义的形式不同，没有老师辅导，是政治局委员、政治局常委自己准备，自己发言。在这两次学习当中，习近平总书记发表了两次讲话，有12位政治局委员包括全部常委都作了发言。这是因为，我们的政治局委员和常委都是选出来的，而不是组阁的，不是一朝天子一朝臣。作为党中央领头人的总书记，要把这个班子组成一个团结统一的、有战斗力的、能协调工作的集体，首先就要在领导层里统一对大方向、大局的认识。从中我们可以体会到，习近平总书记坚持和发展中国特色社会主义，不是一般地泛泛地谈高举旗帜，不是一般地泛泛地要求大家都去坚持和发展中国特色社会主义，而是重点抓中央高层领导的思想认识统一。通过学习统一思想认识，这是中国共产党成功的秘密。二是，严于律己，制定约束自己的“八项规定”。2012 年 12 月 4 日，习近平总书记主持政治局会议，审议中央政治局关于改进工作作风、密切联系群众的八项规定。这八项规定是对中央政治局的作风作规定，内容具体明了，针对性强，体现了新一届中央领导从自己做起、从严治党的要求。同时，这也是中央政治局对全党全国人民的一个庄严承诺，在全社会产生了轰动性的反响。虽然这八项规定规定的是中央政治局应该做什么，不能做什么，但起了积极的表率作用，全党全军各个部门和各个地方即刻跟进，中组部、中央军委相继制定了相应的规定。特别是，在中央政治局八项规定颁布后，中纪委也紧紧跟上，严肃查处违反八项规定精神的问题，并向全社会发出通报。因此，八项规定出台后，各地方的公款吃喝风明显降温，干部作风明显改观，在党内外好评如潮，中国共产党进一步赢得了人民群众的信赖、拥护和支持。三是，率先垂范，由中央政治局带头开展严肃的批评与自我批评。十八大后，习近平总书记和其他政治局常委在各自的联系点指导群众路线教育实践活动时，在开展党内批评与自我批评问题上取得了突破性的进展。不仅如此，中央政治局委员相互之间也开展了严肃认真的批评与自我批评。比如，2015 年 12 月 28 日至 29 日，中央政治局召开专题民主生活会，围绕中央政治局委员带头践行“三严三实”的要求，中央政治局同志逐个发言，对照检查。会议自始至终严肃活泼，有交流讨论，有思想碰撞，有批评和自我批评，体现了“严”和“实”的要求，体现了对党和人民高度负责的态度，体现了开诚布公、团结和谐的精神。大家还联系中央政治局工作，联系党的十八大以来中央抓作风建设的实际，联系自身执行中央八项规定的实际，联系严格教育管理家属子女和身边工作人员的实际，联系周永康、薄熙来、郭伯雄、徐才厚、令计划等人案件的深刻教训，进行党性分析，开展批评和自我批评，总结党的十八大以来作风建设的实践，研究加强党风廉政建设、加强中央政治局自身建设的措施。四是，严格执纪，充分发挥纪律检查机关的作用。十八大以来，党中央从全面从严治党的要求出发，针对长期以来对党章党规执行失之于宽松软等问题，在明确党委领导责任的同时，强化了纪律检查机关的执纪监督作用。出重拳，从“关键少数”抓起，用多种形式完善了党内监督，查处了一大批违纪干部，包括二三百名高级干部，促进全党逐步形成风正气清的政治生态。党的十八届六中全会高度评价党的十八大以来全面从严治党取得的成就，形成了治党重点是治党的领导机关和领导干部特别是高级干部的制度和规范。

第四，面向未来，面对挑战，要坚持“不忘初心、继续前进”，重点在领导机关和领导干部，关键在高级干部。在庆祝中国共产党成立95周年大会上，习近平总书记深刻指出，面向未来、面对挑战，全党必须“不忘初心、继续前进”。党的十八届六中全会制定的《关于新形势下党内政治生活的若干准则》和《中国共产党党内监督条例》，就是我们坚持“不忘初心、继续前进”，坚持全面从严治党，以领导机关和领导干部为重点，以高级干部为关键，加强和规范党内政治生活、加强党内监督、净化党内政治生态的重要文件。对于我们党内的政治生活现状，应该看到两点：一是在长期实践中，党内政治生活状况总体是好的。否则解释不了改革开放以来党的队伍为什么一直在扩大，解释不了为什么人民群众支持改革开放，也解释不了中国为什么能够在这么短的时间里实现了快速发展。二是必须清醒看到，一个时期以来，党内政治生活也出现了一些突出的矛盾和问题。正如党中央指出的，我们要清醒地看到，随着执政环境和执政条件的变化，我们党面临的“四大挑战”、“四种危险”将是长期的、复杂的、严峻的。要巩固全面从严治党的好势头，有效防范已经解决的矛盾和问题反弹复发，防止新的矛盾和问题滋生蔓延，必须坚持思想建党和制度治党相结合，完善规范，健全制度。

我们常说，办好中国的事情，关键在党。而办好党的事情，关键在高级干部，特别是中央委员会、中央政治局、中央政治局常务委员会的组成人员。党的十八届六中全会根据以上率下加强和规范党内政治生活的要求，从各个方面对高级干部提出了明确的要求。第一，高级干部特别是中央领导层组成人员必须以身作则，模范遵守党章党规，严守党的政治纪律和政治规矩，坚持不忘初心、继续前进，坚持率先垂范、以上率下，为全党全社会作出示范。第二，领导干部特别是高级干部要以实际行动让党员和群众感受到理想信念的强大力量。全党必须毫不动摇坚持马克思主义指导思想，党的各级组织必须坚持不懈抓好理论武装，广大党员、干部特别是高级干部必须自觉抓好学习、增强党性修养。第三，考察识别干部特别是高级干部必须首先看是否坚定不移贯彻党的基本路线。党员、干部特别是高级干部，在大是大非面前不能态度暧昧，不能动摇基本政治立场，不能被错误言论所左右。第四，党的各级组织、全体党员特别是高级干部都要向党中央看齐，向党的理论和路线方针政策看齐，向党中央决策部署看齐，做到党中央提倡的坚决响应、党中央决定的坚决执行、党中央禁止的坚决不做。第五，坚持纪律面前一律平等，遵守纪律没有特权，执行纪律没有例外，党内决不允许存在不受纪律约束的特殊组织和特殊党员。党员、干部特别是高级干部不准在党内搞小山头、小圈子、小团伙，严禁在党内拉私人关系、培植个人势力、结成利益集团。对领导人的宣传要实事求是，禁止吹捧，等等。第六，全党必须坚决反对形式主义、官僚主义、享乐主义和奢靡之风，领导干部特别是高级干部要以身作则。第七，中央委员会、中央政治局、中央政治局常务委员会和党的各级委员会作出重大决策部署，必须深入开展调查研究，广泛听取各方面意见和建议，凝聚智慧和力量，做到科学决策、民主决策、依法决策。第八，必须坚持党的组织生活各项制度，创新方式方法，增强党的组织生活活力。全体党员、干部特别是高级干部必须增强党的意识，时刻牢记自己第一身份是党员。第九，领导干部特别是高级干部必须带头从谏如流、敢于直言。第十，领导干部特别是高级干部必须加强自律、慎独慎微，自觉检查和及时纠正在行使权力、廉政勤政方面存在的问题。第十一，领导干部特别是高级干部必须带头践行社会主义核心价值观，继承和发扬党的优良传统和作风，弘扬中华民族传统美德，讲修养、讲道德、讲诚信、讲廉耻。第十二，党内监督的重点对象是党的领导机关和领导干部，特别是主要领导干部。这些引文和规定说明，党中央对解决领导机关和领导干部特别是高级干部问题，是严肃认真动真格的。中共中央已经决定，还要制定高级干部贯彻落实《准则》的实施意见，指导和督促高级干部在遵守和执行党内政治生活准则上做全党表率。

特别是，这次在修订党内监督条例时，专门写了“党的中央组织的监督”问题，强调中央委员会成员必须严格遵守党的政治纪律和政治规矩，发现其他成员有违反党章、破坏党的纪律、危害党的团结统一的行为，应当坚决抵制，并及时向党中央报告；中央政治局每年召开民主生活会，进行对照检查和党性分析，研究加强自身建设的措施；中央政治局委员应当严格执行中央八项规定，自觉参加双重组织生活会，如实向党中央报告个人重要事项，带头树立良好家风，加强对亲属和身边工作人员的教育和约束；对中央政治局委员的意见，署真实姓名以书面形式或者其他形式向中央政治局常务委员会或中央纪律检查委员会常务委员会反映；等等。

归结起来，我们可以清楚地看到，党的十八届六中全会是中国共产党全面从严治党的重要里程碑。我们相信，中国共产党坚持以上率下，坚持以领导机关和领导干部为重点，从党的高级干部特别是中央委员会、中央政治局、中央政治局常务委员会抓起，在新形势下进一步把思想建党和制度治党结合起来，加强和规范党内政治生活，就一定能够形成党的自我净化、自我完善、自我革新、自我提高的机制和能力。中国共产党的这一决策，必将对我们满怀信心持续推进全面从严治党产生深远的影响。

综上所述，在以习近平同志为核心的党中央的治国理政实践中，不仅强调实践主体要有信仰和理想信念，要有奋斗目标和实现目标的布局，而且强调治理的客体除了国家权力机关和军队外，还要把治理的主体中国共产党作为特殊的客体来加以从严治理。只有这样，在正确处理“治党”与“治国”、“治军”关系的基础上，形成具有中国特色的治国理政良性循环的机制和态势，才能顺利实现中国共产党的治国理政目标。这就是中国共产党治国理政的“客体论”。

第五章

制度与国家治理体系、治理能力

治国理政，要靠好的制度来治理。我们讨论和研究了治国理政的主体和客体这些基本问题后，就需要进一步讨论和研究治国理政的主体与客体之间相互联系又相互制约的制度安排。只有建构了既符合现代化时代大潮要求又适合中国国情的治国理政制度，推进国家治理体系和治理能力现代化，完善和发展中国特色社会主义制度，我们的国家治理问题才能从根本上得到解决。

“鞋子合不合脚，自己穿了才知道”

2013 年 3 月 23 日上午 11 时许，俄罗斯的莫斯科国际关系学院会议厅座无虚席，过道及后方都站满了老师和学生。习近平主席在俄罗斯联邦副总理戈洛杰茨、莫斯科国际关系学院院长托尔库诺夫陪同下步入会议厅，全场起立欢迎。正在俄罗斯进行国事访问的国家主席习近平应邀在这里发表了题为《顺应时代前进潮流 促进世界和平发展》的重要演讲。

习近平主席在演讲中深入阐述了中国对当前世界形势的看法和对国际关系的立场主张，强调中国坚定不移走和平发展道路、坚定不移发展中俄全面战略协作伙伴关系后，郑重申明：“我们主张，各国和各国人民应该共同享受尊严。要坚持国家不分大小、强弱、贫富一律平等，尊重各国人民自主选择发展道路的权利，反对干涉别国内政，维护国际公平正义。鞋子合不合脚，自己穿了才知道。一个国家的发展道路合不合适，只有这个国家的人民才最有发言权。”

“鞋子合不合脚，自己穿了才知道”这句习式名言，凸显了习近平的政治智慧，不仅为中国人津津乐道，而且迅速红遍网络，传遍世界。

“鞋子合不合脚，自己穿了才知道”，许多人把这句话概括为“合脚论”。显然，这句话强调的重点，是“鞋子”的“合脚”和“自己穿”的问题。这个问题极其重要，“合脚”、“自己穿”强调的就是要尊重各国人民自主选择发展道路的权利，反对干涉别国内政。这里讲的“自主选择”问题，核心是要尊重各国人民自主选择社会制度特别是政治体制，而不能把一个国家主张的发展道路特别是社会政治制度及其内在的价值观强加给别国人民。这里讲的“自主选择”问题，同时是要允许各国人民自己去实践去探索，而不能允许外界横加干涉别国内政，更不能在别国内部煽动或制造所谓“颜色革命”，颠覆别国政权。

同时，需要指出的是，习近平强调的“鞋子合不合脚，自己穿了才知道”有一个前提，这就是有“鞋子”。鞋子，是人类从落后走向文明的重要标识；能不能自己选择鞋子穿，也是落后与文明的重要区别。也就是说，习近平强调“鞋子合不合脚，自己穿了才知道”，不是保护落后的陈见，而是追求文明、实现文明的睿智。他在莫斯科国际关系学院的演讲中，明确地指出，世界潮流，顺之则昌，逆之则亡。要跟上时代前进步伐，就不能身体已进入21世纪，而脑袋还停留在过去，停留在殖民扩张的旧时代里，停留在冷战思维、零和博弈的老框框内。这就是一种顺应时代潮流的现代文明理念，而其反对的恰恰是逆时代潮流而动的冷战思维、零和博弈等落后意识。所以，对“鞋子合不合脚，自己穿了才知道”，与其把它概括为“合脚论”，不如称它是“鞋子论”或者“鞋子合脚论”。

从中我们可以体会到，“鞋子合不合脚，自己穿了才知道”这句名言，包含了深刻的哲理。其内涵就是马克思主义历来主张的基本原则：理论要和实际相结合。人类文明的有益成果要学习借鉴，但必须同中国实际相结合，适合中国的基本国情和中国人民的现实需要。在改革发展中要坚持这样的原则，在国家治理中也要坚持这样的原则。

以习近平同志为核心的党中央在治国理政实践中，致力于探索的，就是要形成既符合现代化的时代潮流，又适合中国国情包括能够继承中华民族治国理政经验和文明传统的，并能够真正为中国最广大人民群众带来实惠的，中国特色社会主义的国家治理制度和治理机制。

十八届三中全会的制度现代化构想和习近平总书记的解读

中国的改革开放，是从1978年底中共中央十一届三中全会为标志起步的。在中国共产党领导的改革开放历史上，每一届党中央形成后召开的三中全会都特别重要。十八届三中全会研究了全面深化改革的问题，提出了这场改革的总目标是完善和发展中国特色社会主义制度，推进国家治理体系和治理能力现代化。这对于我们搞清楚“治理什么样的国家、怎样治理国家”尤为重要。

2013年11月9日到12日在北京召开的中国共产党十八届三中全会，是一次十分重要的会议，已经写在中国改革开放的历史上。这次全会及其通过的决定，对于我们研究十八大以来党中央治国理政新理念新思想新战略格外重要。因为，这次全会研究改革，研究的不是一个领域的改革，也不是几个领域的改革，而是所有领域的改革，因此叫作“全面深化改革”，由此确定了全面深化改革的总目标是“完善和发展中国特色社会主义制度，推进国家治理体系和治理能力现代化”①。

这一全面深化改革的总目标一经提出，就在国内外产生了强烈的反响。在马克思主义的历史唯物主义和国家学说中，往往强调国家的“统治”和“管理”功能，国家的“治理”和“善治”理论是根据当今世界面临的社会结构变动新情况，国际社会提出的最新的政治学理论。中国共产党能够这样与时俱进，把现代治理理论同中国特色社会主义制度理论结合起来，并用以指导全面深化改革，使人们对中国新一轮改革赋予了更多的关切。

习近平总书记在全会上除了代表中央政治局作了工作报告外，还

---

①《中共中央关于全面深化改革若干重大问题的决定》，人民出版社，2013年版，第3页。

就全面深化改革的决定发表了两次重要讲话：一次是对提交给全会审议讨论的文件作了系统说明，一次是在全会第二次全体会议上围绕全会提出的指导思想、总体思路、目标任务，就贯彻落实全会精神发表了重要讲话。在这两个重要讲话中，特别是第二个讲话中，他对于全会为什么要提出“完善和发展中国特色社会主义制度，推进国家治理体系和治理能力现代化”这一全面深化改革的总目标，以及怎么理解、怎么落实这个总目标，进行了深入的阐述。为了全面、深刻、准确地学习领会和落实这一总目标，2014 年 2 月 17 日，党中央在中共中央党校举办了省部级主要领导干部学习贯彻十八届三中全会精神全面深化改革专题研讨班。习近平总书记在这个重要的研讨班上又一次发表了重要讲话，对这个总目标作了最权威的解读。

我们只要把这几个重要讲话结合起来学习，就可以发现，以习近平同志为核心的党中央在“治理什么样的国家，怎样治理国家”这个根本问题上，提出的通过国家治理体系和治理能力现代化来完善和发展中国特色社会主义制度的总目标，是既符合现代化时代潮流又适合中国国情的治国理政大思路大战略，具有重要的意义。

首先，这是中国共产党的历史性创举。习近平总书记说，我们讲过很多现代化，包括农业现代化、工业现代化、科技现代化、国防现代化等，国家治理体系和治理能力现代化是第一次讲。深刻理解和准确把握这个总目标，是贯彻落实各项改革举措的关键。可以这样说，十八届三中全会的一个重大贡献，就是第一次提出了“制度现代化”的问题。习近平总书记还通过历史的回顾，指出怎样治理社会主义社会这样全新的社会，在以往的世界社会主义中没有解决得很好。马克思、恩格斯没有遇到全面治理一个社会主义国家的实践，他们关于未来社会的原理很多是预测性的；列宁在十月革命后不久就过世了，没来得及深入探索这个问题；苏联在这个问题上进行了探索，取得了一些实践经验，但也犯下了严重错误，没有解决这个问题。中国共产党在全国执政以后，不断探索这个问题，虽然也经历了严重曲折，但在国家治理体系和治理能力上积累了丰富经验、取得了重大成果，改革开放以来的进展尤为显著。因此，以习近平同志为核心的党中央把制度现代化作为我们改革的总目标，顺应了世界社会主义运动和中国特色社会主义事业发展的历史要求，是一个历史性的创举。

其次，这是邓小平关于制度改革战略思想的发展。中国的改革开放，之所以被称为中国的第二次革命，强调的就是通过制度变革创新来解放和发展社会生产力，并且一开始就是作为社会主义基本制度的自我完善和发展提出来的。在 1992 年南方谈话中，邓小平对中国制度变革的前景提出了一个设想。他说："恐怕再有三十年的时间，我们才会在各方面形成一整套更加成熟、更加定型的制度。在这个制度下的方针、政策，也将更加定型化。"[①] 这里讲的"恐怕再有三十年的时间"，就是到 2020 年左右。2012 年中国共产党召开十八大的时候，离这个时限只有 8 年左右的时间了，邓小平提出的这"两个更加"也就作为制度改革和构建的目标被写进了十八大报告。但是，什么叫制度"更加成熟更加定型"呢？怎么破这个题呢？以习近平同志为核心的党中央认为，"更加成熟更加定型"的中国特色社会主义制度，就是国家治理体系和治理能力现代化的中国特色社会主义制度。正如习近平总书记在十八届三中全会上所说的："这次全会在邓小平战略思想的基础上，提出要推进国家治理体系和治理能力现代化。这是完善和发展中国特色社会主义制度的必然要求，是实现社会主义现代化的应有之义。"[②] 这样，就以"制度现代化"破了"两个更加"这个题，意义非同寻常。

---

① 邓小平：《在武昌、深圳、珠海、上海等地的谈话要点》，《邓小平文选》第 3 卷，人民出版社，1993 年版，第 372 页。

② 习近平：《切实把思想统一到党的十八届三中全会精神上来》，《习近平谈治国理政》，外文出版社，2014 年版，第 90 页。

最后，这是世界范围综合国力竞争的迫切要求。纵观当今世界的综合国力竞争，从经济实力竞争发展到科技实力竞争、国防实力竞争，已经深入到国家制度竞争，特别是国家治理体系的竞争。现在，已经有许多国家的政治家和学者提出，中国能够在那么短的时间内成为世界第二大经济体，和中国制度包括中国共产党的领导制度、中国的政治体制有直接的关系。特别是高效率的领导制度、有特色的协商民主制度等，越来越为世界所瞩目。正如习近平总书记所说的："我国政治稳定、经济发展、社会和谐、民族团结，同世界上一些地区和国家不断出现乱局形成了鲜明对照。"与此同时，习近平总书记也强调，"相比当今世界日趋激烈的国际竞争"，"我们在国家治理体系方面还有许多不足，有许多亟待改进的地方"。① 我们要赢得综合国力竞争，还是要靠制度。

习近平总书记不仅论述了确定全面深化改革总目标的意义，而且在论述这一总目标的科学内涵时，提醒我们要注意正确把握三个重要问题：

一是，必须完整理解和把握全面深化改革的总目标。自从党的十八届三中全会提出全面深化改革的总目标后，一些人在讨论和研究这一问题时往往只讲"国家治理体系现代化"，而不讲"完善和发展中国特色社会主义制度"。针对这种情况，习近平总书记强调指出，"完善和发展中国特色社会主义制度，推进国家治理体系和治理能力现代化"，这两句话是一个整体。前一句，规定了根本方向，我们的方向就是中国特色社会主义道路，而不是其他什么道路。我们推进国家治理体系和治理能力现代化，要往什么方向走呢？这是一个带有根本性的问题，必须回答好。我们要坚定不移走中国特色社会主义道

① 习近平：《切实把思想统一到党的十八届三中全会精神上来》，《习近平谈治国理政》，外文出版社，2014 年版，第 91 页。

路，既不走封闭僵化的老路，也不走改旗易帜的邪路。后一句，规定了在根本方向指引下完善和发展中国特色社会主义制度的鲜明指向。他说，两句话都讲，才是完整的。只讲第二句，不讲第一句，那是不完整、不全面的。

二是，推进国家治理体系和治理能力现代化必须有自己的主张和定力。“百里不同风，千里不同俗。”习近平总书记说：“一个国家选择什么样的治理体系，是由这个国家的历史传承、文化传统、经济社会发展水平决定的，是由这个国家的人民决定的。”[①] 他特别重视历史传承和文化传统问题，主持中央政治局集体专题学习了中国历史上治国理政的经验和文化传统。他强调，第一，中国今天的国家治理体系，是在历史传承、文化传统、经济社会发展的基础上长期发展、渐进改进、内生性演化的结果。第二，中国国家治理体系需要改进和完善，但怎么改、怎么完善，我们要有主张、有定力。第三，中华民族是一个兼容并蓄、海纳百川的民族，在漫长历史进程中，不断学习他人的好东西，把他人的好东西化成我们自己的东西，这才形成我们的民族特色。第四，没有坚定的制度自信就不可能有全面深化改革的勇气，同样，离开不断改革，制度自信也不可能彻底、不可能久远。总之，我们全面深化改革，是要使中国特色社会主义制度更好；我们说坚定制度自信，不是要故步自封，而是要不断革除体制机制弊端，让我们的制度成熟而持久。总之，我们要用中国的实践向世界说明一个道理：治理一个国家，推动一个国家实现现代化，并不只有西方制度模式这一条道，各国完全可以走出自己的道路来。那种认为各国最终都要以西方制度模式为归宿的单线式历史观，必定要破产。

三是，推进国家治理体系和治理能力现代化必须坚守我们的核心

---

① 习近平：《不断提高运用中国特色社会主义制度有效治理国家的能力》，《习近平谈治国理政》，外文出版社，2014 年版，第 105 页。

价值观。一个民族的文明进步，一个国家的发展壮大，需要一代又一代人接力努力，需要很多力量来推动，核心价值观是其中最持久最深沉的力量。推进国家治理体系和治理能力现代化，也要由社会主义核心价值观来加以支撑。习近平总书记在论述怎样推进国家治理体系和治理能力现代化的时候，提出了要“坚守我们的价值体系，坚守我们的核心价值观”这一深层次的问题。也就是说，我们在全面深化改革、推进制度现代化的过程中，不能只考虑经济和政治，还要考虑文化，把中国特色社会主义制度的完善和发展、现代化国家治理体系和治理能力的构建和形成，深深地扎根于中国优秀的文化传统之中，使之产生持久的生命力。

国家治理体系和治理能力的关系

在学习和落实全面深化改革的总目标时，我们不仅要正确认识和处理好“完善和发展中国特色社会主义制度”与“国家治理体系现代化”的关系，把握好全面深化改革的大方向，而且要正确认识和处理好“国家治理体系现代化”与“治理能力现代化”的关系，积极而又稳妥地推进这场极其艰巨而又深刻的制度创新。

对于这个问题，我们首先要了解什么叫国家治理体系，什么叫治理能力。习近平总书记深刻地指出：“国家治理体系和治理能力是一个国家制度和制度执行能力的集中体现。国家治理体系是在党领导下管理国家的制度体系，包括经济、政治、文化、社会、生态文明和党的建设等各领域体制机制、法律法规安排，也就是一整套紧密相连、相互协调的国家制度；国家治理能力则是运用国家制度管理社会各方面事务的能力，包括改革发展稳定、内政外交国防、治党治国治军等各个方面。”[①]

在此基础上，我们要进一步认识国家治理体系和治理能力是什么关系。在一些人看来，国家治理体系强调的是国家制度因素，而治理能力强调的是人的因素。完善和发展中国特色社会主义制度，推进国家治理体系现代化，讲的都是制度的变革和创新，不理解为什么要把人的能力放到制度的变革和创新中来讲。习近平总书记告诉我们：“国家治理体系和治理能力是一个有机整体，相辅相成，有了好的国家治理体系才能提高治理能力，提高国家治理能力才能充分发挥国家治理体系的效能。”[②]这是因为，制度也好，国家治理体系也好，都是要靠人来执行的，都是要靠具有现代化治理能力的人来执行的。没有人来执行的制度和国家治理体系，只是一纸空文；没有现代化治理能力的人来执行的制度和国家治理体系，再好的制度和治理体系都不可能达到预期的效果。治理国家，制度是起根本性、全局性、长远性作用的，然而，没有有效的治理能力，再好的制度也难以发挥作用。而且，国家治理体系和治理能力虽然有紧密联系，但又不是一码事，不是国家治理体系越完善，国家治理能力自然而然就越强。因此，一个有效的制度和国家治理体系必定是包括具有现代化治理能力的人在内的制度和国家治理体系，中国共产党把国家治理体系和治理能力结合在一起提出来是正确的。

习近平总书记正是根据这些关于国家治理体系和治理能力相互关系的基本思想，对于怎样完善和发展中国特色社会主义制度，推进国家治理体系和治理能力现代化，提出了许多深刻的思想。

首先，在推进国家治理体系和治理能力现代化，完善和发展中国特

---

① 习近平：《切实把思想统一到党的十八届三中全会精神上来》，《习近平谈治国理政》，外文出版社，2014 年版，第 91 页。

② 同上。

色社会主义制度的问题上，习近平总书记坚持了唯物辩证法的两点论思想。他一方面强调，推进国家治理体系现代化绝非否定我们的社会主义基本制度。我们的国家治理体系和治理能力总体上是好的，是有独特优势的，是适应中国国情和发展要求的。另一方面，他强调我们在国家治理体系和治理能力方面还有许多亟待改进的地方，在提高国家治理能力上需要下更大的气力。他指出，推进国家治理体系现代化必须是全面的系统的改革和改进，是各领域改革和改进的联动和集成，要在国家治理体系和治理能力现代化上形成总体效应、取得总体效果。也就是说，要适应时代变化，既改革不适应实践发展要求的体制机制、法律法规，又不断构建新的体制机制、法律法规，使各方面制度更加科学、更加完善，实现党、国家、社会各项事务管理制度化、规范化、程序化。

同时，在关于推进国家治理体系和治理能力现代化，完善和发展中国特色社会主义制度的问题上，习近平总书记坚持了唯物辩证法的重点论思想。他指出，制度执行力、治理能力已经成为影响中国社会主义制度优势充分发挥、党和国家事业顺利发展的重要因素。如果没有治理能力建设，再好的制度，再好的国家治理体系，都只是一纸空文。他强调:“要更加注重治理能力建设，增强按制度办事、依法办事意识，善于运用制度和法律治理国家，把各方面制度优势转化为管理国家的效能，提高党科学执政、民主执政、依法执政的水平。”[①]“只有以提高党的执政能力为重点，尽快把我们各级干部、各方面管理者的思想政治素质、科学文化素质、工作本领都提高起来，尽快把党和国家机关、企事业单位、人民团体、社会组织等的工作能力都提高起来，国家治

① 习近平:《切实把思想统一到党的十八届三中全会精神上来》,《习近平谈治国理政》，外文出版社，2014 年版，第 92 页。

理体系才能更加有效运转。”[①]

应该讲，改革开放以来，中国共产党对执政能力问题已经相当重视。党的十六届四中全会还专门通过了一个关于加强党的执政能力建设的决定，提出要提高驾驭社会主义市场经济的能力、发展社会主义民主政治的能力、建设社会主义先进文化的能力、构建社会主义和谐社会的能力、应对国际局势和处理国际事务的能力。但是，这个问题今天依然是制约我们工作的大问题，是在全面深化改革中要下大气力解决的问题。习近平总书记关于提高治理能力的论述十分丰富，其要点是：第一，要清醒认识“能力不足”是我们面临的一大危险。习近平总书记尖锐地指出，我们现在存在“本领不足、本领恐慌、本领落后”的问题。他说，在我们党内相当一个范围里，存在着“新办法不会用，老办法不管用，硬办法不敢用，软办法不顶用”这样一种状况，这不能不引起我们重视。[②]第二，治理能力就是运用国家制度管理社会各方面事务的能力，简单地说，就是“制度执行能力的集中体现”。这和我们平时讲的这个能力那个能力（比如，文学鉴赏能力和审美能力）不一样的是，强调按制度办事、用制度办事、把制度规定的事办实办妥办好。第三，提高制度执行力必须解决“最后一公里”的问题。习近平总书记注意到，我们从决策、立法到执行，往往起步很好，但在执行过程中就差“最后一公里”，引起群众不满，甚至影响了人们对制度优越性的认同。第四，推进治理能力现代化的方向是提高依法执政能力。习近平总书记要求“提高运用法治思维和法治方式深化改革、推动发展、化解矛盾、维护稳定能力，努力推动形成办事依法、遇事找法、解决问题用法、化解矛盾靠法的良好法治环境，在法治轨道上推

① 习近平：《不断提高运用中国特色社会主义制度有效治理国家的能力》，《习近平谈治国理政》，外文出版社，2014 年版，第 105 页。

② 习近平：《依靠学习走向未来》，《习近平谈治国理政》，外文出版社，2014 年版，第 403—404 页。

动各项工作”[①]。第五，推进治理能力现代化的目的是要把制度优势转化为管理国家的效能。

综上所述，我们可以体会到，具有治国理政理想信念的中国共产党人，在治党治国治军的过程中，必须正确认识和处理中国特色社会主义制度与国家治理体系、国家治理体系与治理能力之间的关系，完善和发展中国特色社会主义制度，构建现代化的国家治理体系并提高现代化的治理能力，这是基本的治国之道。这种顺应现代化时代大潮而又适合中国国情的制度设计，就是中国共产党治国理政的“制度论”。

① 习近平:《在首都各界纪念现行宪法公布施行30周年大会上的讲话》,《习近平谈治国理政》，外文出版社，2014年版，第142页。

第六章

民主与法治、德治

当我们认识到治国理政要靠制度，要靠现代化的国家治理体系和治理能力的时候，怎么“治理”或“善治”的问题，就成为我们在破解“治理什么样的国家，怎样治理国家”这一根本问题时，必须认真思考和研究的重大课题。在中国，这个问题的实质，就是要正确认识和处理好民主与法治、德治的关系，在中国共产党的有力领导下，依靠最广大人民群众，把依法治国和以德治国结合起来，实现国家的长治久安。

彭州市和桐庐县的见闻

如何领导一个日益多元化的社会，是中国共产党在改革开放不断推进中，特别是在社会主义市场经济不断发展过程中遇到的一个新问题。由民主和法治两个轮子驱动的“治理”，就是在这样的背景下进入我们的视野，成为中国治国理政理论特别是中国特色社会主义民主理论研究的课题。

民主，法治，都离不开“民”。为了推进中国的民主政治和法治建设，与其空谈民主和法治，不如到基层人民群众中去，了解他们的需求，总结他们的经验。这里，先介绍一下我在四川省彭州市和浙江省桐庐县的见闻。

在去四川省彭州市葛仙山镇观摩考察那里的基层协商民主前，我读过许多关于中国民主经验的文章和报告，也在一些地方调研时听过许多关于民主经验的介绍，但是直接参与到基层民主的活动中去，这是第一次。参加这次活动的一位媒体记者，相当客观地记载了我们的这次活动，下面引用的就是这篇现场实录：

> “应到 53 人，实到 53 人，符合法定人数，现在开会！”
>
> 这是四川省彭州市葛仙山镇社会协商对话会 2015 年第一次会议的情景。
>
> 会场上的标语很吸引人：“重大问题让群众知晓，重大事项经群众协商，重大决定经协商决定。”
>
> 来四川参加“社会主义协商民主与基层实践”研讨会的一部分专家学者观摩了这次会议，参加研讨会的另一部分专家学

者观摩了通济镇的社会协商对话会。

会议开始后，由镇长通报了上一次社会协商对话会形成的“议题共识”的办理情况。

我们注意到，参加会议的男男女女围坐几圈，十分认真地听取报告，不少人还边听边记。

他们是些什么人？经向陪同我们观摩的市委韩轶书记了解，他们是镇协商会成员。

原来，这里的基层协商民主有两级协商机制：一级是村（居）民议事会；一级是镇协商会。

村（居）民议事会成员，由村民中推举产生。每5—15户产生一名村（居）民代表，再以村（社区）为单位，每个村（居）民小组产生2—4人，组成村（居）民议事会成员。成员总数不少于21人，而且干部不能超过50%。

镇协商会成员，是按照每个村1—3人的名额，在村（居）民议事会成员中协商产生。成员总数为20—60人，其中镇机关干部不超过2人，村（社区）干部不超过25%。

村一级议事会，每月20日开始收集群众关心的议题，25日开会协商。镇一级协商会，每半年至少开一次。我们到葛仙山镇观摩的是他们2015年第一次协商会。

可能由于他们大多数是务农的农民，讲的方言我们听不大明白，协商会开始时一个议程接一个议程，我们感到比较沉闷。后来看了文字材料，才知道在报告了上一次协商会形成的议题共识的办理情况后，主要是通报了本次协商会召开前在各个村民小组群众中收集到哪些议题。

这次会议的议题有两个，分别由专人做了介绍。一个议题是，现在这里80%的群众已经入住了集中居住小区，但还有

1000余户居民分散居住在偏僻院落和丘陵山区，生活条件较差，他们强烈要求改善居住条件；另一个议题是，葛仙山镇的乡村旅游发展态势良好，景区群众2014年人均收入比上年增加2000元，但是在景区外的村民增加收入缺乏路子，他们希望实现景区和非景区经济共同发展，也能够依托乡村旅游产业增加收入。

在通报会议议题时，我们也了解到在会前已经将议题公示，要求各位镇协商会成员进行调研。

议题通报后，就开始分五个小组协商这两个议题。我们这些来观摩的专家学者、实际工作者和媒体朋友兴致勃勃地挤到他们中间去，近距离地看他们是怎样进行民主协商的。与此同时，我们也逐渐熟悉了他们的方言。

一个大会议室的四个角，加上中间，聚集着五个小组的镇协商会成员，发言声此起彼伏，气氛非常活跃。只见他们，有的慷慨激昂，有的娓娓道来，有的争先恐后发言，有的直接坐到小组做记录的秘书那里，要他记下自己的意见。没有人愿意放弃自己的民主协商权利。

分组协商结束后，村民们各就各位，聚精会神地听取各个小组的汇报。让我们感到惊讶的是，各个小组在汇报的同时，条理都很清楚，很快就把刚才七嘴八舌讨论的问题梳理出来了。更让我们佩服的是，各个小组汇报结束没有几分钟，秘书们就把大家的意见汇总出来了，交给了协商会主持人。

主持人向大家报告：第一个议题经过协商，各个小组有7条议题共识；第二个议题经过协商，各个小组有6条议题共识。然后，参加协商会的成员对这两个议题协商后提出的建议进行表决。结果是：第一个议题，51票同意，2票不同意；第二个议题，52 票同意，1 票不同意。

我们注意到，他们把分组讨论汇总的意见和经过表决的结果，叫作“议题共识”，并在会上决定把这个“议题共识”提交给镇党委和镇政府研究解决。到这时，我们才明白，为什么会议一开始，镇长要向大家报告上一次协商对话会形成的“议题共识”的办理情况。

参加观摩的专家学者在协商会结束后，还意犹未尽地找村民了解协商会的细节。全国政协常委、文史和学习委员会副主任卞晋平看完这里的基层协商民主，感慨地说：“中国的基层有民主，中国的民主有希望。”

在观摩活动的上午，来自全国各地的 100 多位专家学者和实际工作者出席了在成都召开的“社会主义协商民主与基层实践”研讨会。

在研讨会上，来自全国政协、中央党校、中央社会主义学院和人民大学等高校的专家学者，分别就“在深化政治体制改革中构建社会主义协商民主体系”、“协商民主新格局下的人民政协”、“协商民主理论重大问题解析”、“政治协商与协商民主的由来”等问题作了主题报告。北京市、浙江省和四川省在基层协商民主建设上有典型实践创新经验的地区，也介绍了他们在推进基层协商民主中取得的经验。

应该讲，这些专家学者和实际工作者对协商民主都是有研究的，但是现场观摩对他们来讲，也都上了生动的一课，引起了他们深入的思考。

北京东城区统战部的同志对于葛仙山镇协商对话会最后设计的投票表决这个环节，提出了自己的看法。她在走出协商会会场后找到了中央党校原副校长李君如，就协商民主和选举民主的区别进行了热烈的讨论。

本来应该上车回宾馆的与会代表，也都围在他们边上听他们的讨论。李君如说，投票和协商是民主的两种方法。我们的选举民主，主要通过民主投票来表达民意，但是在投票之前也要充分协商；我们的协商民主，主要通过民主协商来表达民意，但在协商后也要投票或鼓掌通过。两者的区别不在形式，而在实质。选举民主，是选举人把权力授权给被选举人的民主形式；选举民主的另一个涵义更为广泛的名称叫票决民主，就是通过投票作出为多数人认同的决定或决策，这也是一个授权的过程。在选举（票决）民主中增加协商环节，可以避免票数分散及其造成的矛盾。协商民主的实质不是授权，而是在决策之前通过不同利益主体的平等协商，让决策者了解民意，并通过大家的协商求同存异、达成共识。在协商民主中增加投票环节，可以了解协商的共识程度。李君如说，你注意到没有？他们把协商和投票后形成的意见叫作“议题共识”，而不是决策，如何根据大家协商的共识进行决策是党委和政府的事。

“投票和协商相结合，选举民主和协商民主相结合，是中国特色社会主义民主的‘特色’之所在。”李君如的这个概括也成了我们许多人的共识。

谁最需要民主？人民群众。哪里最需要民主？基层群众。

走到基层，现场观摩，热议，思考，使大家越来越认识到，十八大和十八届三中全会关于推进协商民主广泛多层制度化发展的决策，为我国民主政治的发展指明了光辉的前景。

俗话说：“基础不牢，地动山摇。”推进基层协商民主的健康发展，一定能够畅通人民群众的民主渠道，巩固党的执政基础。考虑到涉及人民群众利益的大量决策和工作，主要发生在基层，《中共中央关于加强社会主义协商民主建设的意见》提出，要按照协商于民、协商为民的要求，建立健全基层协商民主建设协调联动机制，稳步开展基层协商。

在彭州会议上，我们不仅体会到了基层群众最需要民主，还看到了基层群众正在创造符合中国国情的民主实现形式。中央提出，要积极探索村（居）民议事会、村（居）民理事会、恳谈会等协商形式，并强调协商时要吸纳利益相关方、社会组织、外来务工人员、驻村（社区）单位参加协商。

我们在彭州实地体会了一个深刻的道理："民主"在"民"之中，在中国人民创造性的实践之中。北京东城区、西城区的经验，浙江温岭市、慈溪市的经验，都证明了这一道理。

大家都说，只要我们在深化政治体制改革的进程中，积极建构这样一个纵向衔接、横向联动的社会主义协商民主体系，并把它同逐步完善、不断发展的选举民主制度相配套、相促进，更好地把党的领导、人民当家作主、依法治国有机地统一起来，就一定能够建设一个给人民群众真正带来实惠而不是带来社会动荡的社会主义民主，为人类政治文明作出我们中国人的新贡献。

也是在 2015 年，那年 11 月 5 日到 8 日，我在浙江进行文化创意产业发展状况调研，看到许多令人振奋的新情况，特别是看到那里的年轻人创新创业的智慧和劲头，被他们的热情所感染。11 月 7 日，我去杭州市桐庐县的分水镇，考察那里的制笔业。在那里，我不仅对那里法治文化创意产业的情况印象深刻，还对中国的法治建设有了新的认识。

桐庐县分水镇，建镇于公元 625 年，距今已有 1300 多年的历史。这个千年古镇，全镇区域面积 299.37 平方公里，常住人口 5.13 万，其中外来人口2万。但是，全镇有制笔及配套企业739家，年产销各类圆珠笔、中性笔66亿支，实现年销售产值55亿元。2002年12月，分水镇被中国轻工业联合会、中国制笔协会授予“中国制笔之乡”的荣誉称号。

分水镇的制笔经济兴起于20世纪70年代末，起初是清一色的家庭作坊，规模小、技术含量低、产品质量普遍不高，制笔经济在分水镇经济中所占的比例不大，只是一个配角产业。以1998年成立桐庐县制笔协会和1999年制笔工业区的建设为标志，在政府的引导扶持下，这里的制笔企业开始向工业区集聚，生产规模不断扩大，产品质量稳步提高，外贸产品开始增多，制笔主导产业的地位逐步确立。2003年初，时任浙江省委书记习近平视察了分水镇，向他们提出了强化特色、做大做强、狠抓投入、促进创新的要求。从那时开始，分水镇的制笔经济和文化创意紧密结合，进入跨越式发展阶段。目前，他们已经实现了“世界人均一支笔”的生产目标，并开始向“世界人均一支好笔”的新目标攀登。

我和我们调研组的人都是天天用笔的人，见到的笔多了，用的笔也很多，但是到这里才知道，世界上还有那么多款式新颖、外观别致，用途还可以多样化的水笔，真是令人目不暇接，惊叹不已。然而，同制笔的企业家一交谈，才知道这小小的笔中还有让人头疼的知识产权问题。分水镇的几百家制笔企业，根据瞬息万变的市场需求，十分重视制笔的创新，仅仅外观设计就要投入很大力量。但是，笔类外观设计更新周期快，仿冒也快，而这类产品专利授权时间长、知识产权维权难度大，一些企业为此伤透了脑筋。“一支笔的品牌，正常生命周期至少可以达到5至6年，但因为模仿问题，缩短了产品生命周期，利润也大幅下降。”有的企业家这样告诉我们。分水镇80%以上的制笔企业拥有专利，但是60%左右的企业遇到过专利被侵权。

在国家知识产权局和省知识产权局的指导关心下，自2012年6月起，杭州市就启动了建立中国杭州（制笔）知识产权快速维权援助中心的相关事宜。2014年10月23日，在中国共产党十八届四中全会审议通过了《关于全面推进依法治国若干重大问题的决定》后，杭州市中级人民法院在行政保护（快速维权中心）的基础上，针对杭州制笔产业的现状和特点，又于2014年12月在分水镇设立了巡回法庭，这是全国中级人民法院在地方设立的第一个知识产权巡回法庭。我们在当地了解到，企业家们看到法院把法庭从城里搬到镇上来，非常感动，都说从中看到了依法维护知识产权的希望。

我们在这里亲眼看到了这个精致的法庭。调研组的同志纷纷拿出手机，拍下法庭告示栏中的信息和已判案件的宣判结果。

2015年4月24日上午10点，这里首次开庭审理第一例知识产权侵权案子。2011年5月26日，韦先生研发设计出一款外形与众不同的新款笔，并于当年12月28日取得该款笔的外观设计专利权，市场业绩也很好。但是很快就引来了当地其他厂家抄袭，低价倾销，极大地影响了韦先生的生意。韦先生被迫拿起法律武器，维护自己的合法权益。在庭审中，对侵权实物进行了比对，证据确凿，被告对侵权事实没有异议，承认侵权产品与案涉专利产品相同，双方均表示愿意调解解决。在法官主持下，双方最后达成了一致的调解意见：被告销毁侵权产品及相应模具，补偿韦先生经济损失及维权支出费用9万元。诉讼费双方一人一半。审判长对大家说，知识产权与生活息息相关，分水镇是中国的制笔之乡，当地企业类似侵权的案子特别多，杭州市中级人民法院在分水镇设立知识产权巡回审判庭，主要目的就是保障创新者的合法权益，不能让企业因为知识产权的保护力度不够，而挫伤了积极性；同时也要让侵权者受到相应的惩罚。

杭州市中级人民法院选择在4月24日开庭，也是有所考虑的，因为，每年4月26日是“世界知识产权日”。因此，在庭审后法院还向现场旁听的企业家发放了《知识产权与生活》小册子，提醒大家用好法律武器，维护合法权益，如果不小心侵犯了别人的合法权益，要尽快纠正，避免法庭相见。

这个千年古镇发生这样的新鲜事，大家都很感兴趣，许多企业家到场旁听。大家都说，知识产权巡回审判庭的审判讲事实、讲法律，维护了社会公正。这不仅给到场的制笔企业主上了一堂生动形象的知识产权维权法治课，而且对分水镇的制笔行业来说，更是增添了司法保护这一层最有力的保障。

两个中国小镇的故事，一个是四川省彭州市葛仙山镇的故事，一个是浙江省桐庐县分水镇的故事；一个故事讲的中国基层正在构建的协商民主制度，一个故事讲的是中国地方正在探索的司法制度改革，都属于中国政治体制改革的范畴。值得注意的是，习近平总书记曾经明确指出，推进协商民主广泛多层制度化发展是“政治体制改革的重要内容”[①]，推进司法改革是“政治体制改革的重要组成部分”[②]。我们在四川省彭州市和浙江省桐庐县的见闻，具体而又生动，但恰恰可以以小见大，使我们体会到了中国在完善和发展中国特色社会主义制度、推进国家治理体系和治理能力现代化方面，不仅有文件，还有行动；使我们看到了中国在深化政治体制改革中取得的最新成果和在国家治理中获得的最新进展。这种变化，显然不是浅层次的，而是深层次的变化。而这样的案例，也促使我们进一步从实际出发，深入思考和研究中国的治国理政新经验。

---

① 习近平：《关于〈中共中央关于全面深化改革若干重大问题的决定〉的说明》，《习近平谈治国理政》，外文出版社，2014年版，第82页。

② 习近平：《促进社会公平正义，保障人民安居乐业》，《习近平谈治国理政》，外文出版社，2014年版，第150页。

民主和法治

推进国家治理体系现代化，归结起来，就是要在一个日趋多元化的社会里，用民主和法治的方式取代传统的统治和管理，形成科学的规范的有效的国家制度，协调各种社会关系，化解各类社会矛盾，整合各方面社会力量，推进整个社会主义现代化建设。这对我们大家来说，都是一个新课题。

从葛仙山镇和分水镇的民主和法治建设故事中，我们可以体会到，中国正在大力推进的民主和法治是中国特色社会主义的民主和法治，中国正在大力构建的现代化的国家治理体系是中国特色社会主义的国家治理体系。

要了解这样的民主和法治，必须了解中国人对民主与法治的基本看法，了解中国人追求的民主和法治是什么样的民主和法治。

第一，人民民主与依法治国的关系。

中国人所讲的“民主”是人民民主，“法治”指的是依法治国。在中国，民主与法治的关系，是人民民主与依法治国的关系。“人民民主”在中国共产党领导民主革命的时候就已经提出了，这一概念既包括了马克思主义所强调的“无产阶级民主”的基本精神，但又体现了中国的基本国情，在当年是包括无产阶级、农民阶级、城市小资产阶级和民族资产阶级四个阶级在内的“人民”的人民民主。在今天作为阶级的剥削阶级已经不存在的情况下，这一概念所说的民主主体“人民”，涵盖的也不仅仅是工人阶级，还有农民阶级，知识分子以及新的社会阶层。至于“依法治国”，是在总结了中国社会主义建设的历史经验，在中国不断推进和深化政治体制改革，不断完善和发展人民民主的过程中提出的。其中，一个重要的认识就是，民主不是“文化大革命”中所实行的“大民主”，以及当时泛滥成灾的无政府主义，而是人民要依照宪法和法律赋予的权利当家作主。这是首先要了解的。

以习近平同志为核心的党中央明确，全面深化改革的总目标是要完善和发展中国特色社会主义制度，推进国家治理体系和治理能力现代化。而要实现这个总目标，就要在完善社会主义民主的基础上全面推进依法治国。早在党的十八大闭幕后不久，习近平总书记就在纪念现行宪法公布施行30周年大会上发表的重要讲话中强调指出："依法治国是党领导人民治理国家的基本方略，法治是治国理政的基本方式，要更加注重发挥法治在国家治理和社会管理中的重要作用，全面推进依法治国，建设社会主义法治国家。"[①] 后来，在中央政治局第四次集体学习的时候，他进一步提出要"全面推进科学立法、严格执法、公正司法、全民守法，坚持依法治国、依法执政、依法行政共同推进，坚持法治国家、法治政府、法治社会一体建设，不断开创依法治国新局面。"[②] 根据这一现代化的国家治理思想，党的十八届四中全会通过了中国共产党历史上的第一个建设法治中国的政治决定。习近平总书记把这一决定和十八届三中全会通过的全面深化改革的决定，定性为"姊妹篇"。可以说，这两个决定集中体现了以习近平同志为核心的党中央治国理政新理念新思想新战略的核心要义，具有极其重要的意义。

那么，怎么认识人民民主与依法治国的关系呢？

首先，坚持依法治国，是为了保障人民民主。1978年底的中共十一届三中全会在启动改革开放和社会主义现代化建设大业时，邓小平同志在总结"文化大革命"悲剧的经验教训，特别是总结毛泽东晚年犯错误的深刻教训过程中，就已经提出"为了保障人民民主，必须

① 习近平：《在首都各界纪念现行宪法公布施行30周年大会上的讲话》，《习近平谈治国理政》，外文出版社，2014年版，第138页。

② 习近平：《坚持法治国家、法治政府、法治社会一体建设》，《习近平谈治国理政》，外文出版社，2014年版，第144页。

加强法制”[①]。这里，他不仅提出了要加强法制的问题，而且阐述了民主与法制的关系，即是为了保障民主才提出加强法制的。加强法制不是为了治民，而是为了民主。对于中国这样一个有几千年专制主义传统的国家来说，强调这一点，非常必要，也非常重要。特别是他强调提出，“必须使民主制度化、法律化，使这种制度和法律不因领导人的改变而改变，不因领导人的看法和注意力的改变而改变”[②]。邓小平提出的这些思想，既针对个人崇拜、官僚主义、一言堂的痼疾，又同“大民主”、无政府主义划清了界限。在全面推进依法治国的时候，一定要把握好保障人民民主要法治、法治要保障人民民主这一辩证关系。

其次，坚持依法治国，是人民当家作主的中国治国方略的重大转变。改革开放以来，在依法治国问题上，我们的认识是逐步提高和深化的，起初我们用的概念是“法制”，后来我们用的概念是“法治”。1996 年 2 月 8 日，在中共中央举办的中央领导同志法制讲座结束时，江泽民在讲话中第一次提出了“依法治国”的概念。他说:“加强社会主义法制建设，依法治国，是邓小平同志建设有中国特色社会主义理论的重要组成部分，是我们党和政府管理国家和社会事务的重要方针。”[③]1997 年 9 月 12 日召开的党的十五大有这样系统的阐述:“依法治国，就是广大人民群众在党的领导下，依照宪法和法律规定，通过各种途径和形式管理国家事务，管理经济文化事业，管理社会事务，保证国家各项工作都依法进行，逐步实现社会主义民主的制度化、法律化，使这种制度和法律不因领导人的改变而改变，不因领导人看法和

---

① 邓小平:《解放思想，实事求是，团结一致向前看》,《邓小平文选》第 2 卷，人民出版社，1994 年版，第 146 页。

② 同上。

③ 江泽民:《坚持依法治国》,《江泽民文选》第 1 卷，人民出版社，2006 年版，第 511 页。

注意力的改变而改变。”[①] 特别是，十五大报告对依法治国在国家政治生活中的重要性作出了一个重要的定位：“依法治国，是党领导人民治理国家的基本方略。”[②] 就是根据这一基本方略，党提出了“建设社会主义法治国家”的任务。1999 年九届人大二次会议通过的宪法修正案，在宪法第五条第一款中规定：“中华人民共和国实行依法治国，建设社会主义法治国家。”[③] 党的十八大后，习近平总书记进一步提出：“依法治国是党领导人民治理国家的基本方略，法治是治国理政的基本方式，要更加注重发挥法治在国家治理和社会管理中的重要作用，全面推进依法治国，加快建设社会主义法治国家。”[④] 这是中国近现代史上破天荒的大事，是中国共产党的治国理政思想和中华人民共和国治国方略的重大转变。

最后，坚持依法治国，是为了在政治制度上坚持和完善社会主义民主，推进国家治理体系和治理能力现代化。根据现代治理理论，“民主”和“法治”是国家治理体系现代化的两个轮子。在民主和法治的关系问题上，民主又是法治的内核。法治，就是以集中反映人民根本利益和意志的法律来治理国家。因此，法治的推进和健全，是民主是否完善的重要标杆。党的十八届三中全会在提出全面深化改革的总目标是完善和发展中国特色社会主义制度、推进国家治理体系和治理能力现代化时，也明确指出要紧紧围绕坚持党的领导、人民当家作主、依法治国有机统一来深化政治体制改革，加快推进社会主义民主政治

---

① 江泽民：《高举邓小平理论伟大旗帜，把建设有中国特色社会主义事业全面推向二十一世纪》，《江泽民文选》第 2 卷，人民出版社，2006 年版，第 28—29 页。

② 江泽民：《高举邓小平理论伟大旗帜，把建设有中国特色社会主义事业全面推向二十一世纪》，《江泽民文选》第 2 卷，人民出版社，2006 年版，第 29 页。

③《中华人民共和国宪法修正案》，《十五大以来重要文献选编》（上），人民出版社，2000 年版，第 808 页。

④ 习近平：《在首都各界纪念现行宪法公布施行 30 周年大会上的讲话》，《习近平谈治国理政》，外文出版社，2014 年版，第 138 页。

制度化、规范化、程序化，建设社会主义法治国家，发展更加广泛、更加充分、更加健全的人民民主。也就是说，完善社会主义民主，需要健全社会主义法治；建设社会主义法治国家，是为了坚持和完善社会主义民主。在建设社会主义法治国家过程中完善社会主义民主，就能够把中国建设成为一个具有现代化的国家治理体系的社会主义国家。

第二，选举民主与协商民主的关系。

在讨论民主与法治关系的时候，我们必须注意到，中国共产党在长期的民主实践中创造了两种民主形式：一是选举民主；二是协商民主。人民民主的这两种不同的实现形式，在依法治国中发挥了不同而又相辅相成的作用，实现了最广泛的人民民主。

我们在民主实践中体会到，民主的实现形式是丰富多样的，不能拘泥于刻板的模式，更不能说只有一种放之四海而皆准的评判标准。在中国社会主义制度下，有事好商量，众人的事情由众人商量，找到全社会意愿和要求的最大公约数，是人民民主的真谛。习近平总书记说：“我们要坚持有事多商量，遇事多商量，做事多商量，商量得越多越深入越好。涉及全国各族人民利益的事情，要在全体人民和全社会中广泛商量；涉及一个地方人民群众利益的事情，要在这个地方的人民群众中广泛商量；涉及一部分群众利益、特定群众利益的事情，要在这部分群众中广泛商量；涉及基层群众利益的事情，要在基层群众中广泛商量。”[①] 实践告诉我们，涉及人民利益的事情，在人民内部商量好怎么办，就能够办得好。只有这样，党和政府坚持决策之前先进行协商，才能有效保障公民发展权的实现。

与此同时，我们也注意到，选举民主虽然是人民民主的重要实现形式，但人民是否享有民主权利，既要看人民是否在选举时有投票的权

---

① 习近平：《在庆祝中国人民政治协商会议成立65周年大会上的讲话》，《人民日报》，2014年9月22日。

利，也要看人民在日常政治生活中是否有持续参与的权利；既要看人民有没有进行民主选举的权利，也要看人民有没有进行民主决策、民主管理、民主监督的权利。如果人民只有投票的权利而没有广泛参与的权利，人民只有在投票时被唤醒、投票后就进入休眠期，这样的民主就是形式主义的。在中国，通过多种形式的协商，广泛听取意见和建议，广泛接受批评和监督，可以广泛达成决策和工作的最大共识，有效克服党派和利益集团为自己的利益相互竞争甚至相互倾轧的弊端；可以广泛畅通各种利益要求和诉求进入决策程序的渠道，有效克服不同政治力量为了维护和争取自己的利益固执己见、排斥异己的弊端；可以广泛形成发现和改正失误和错误的机制，有效克服决策中情况不明、自以为是的弊端；可以广泛形成人民群众参与各层次管理和治理的机制，有效克服人民群众在国家政治生活和社会治理中无法表达、难以参与的弊端；可以广泛凝聚全社会推进改革发展的智慧和力量，有效克服各项政策和工作共识不高、无以落实的弊端。这就是中国社会主义协商民主的独特优势所在。

协商民主是中国共产党在民主政治的实践和理论中的创造，来源于中国人自己的实践。尽管我们研究过西方的协商民主理论，但中国的协商民主不是源于西方的理论。早在民主革命时期建立的统一战线中，中国共产党就已经在探索用协商民主的方法广泛听取意见，团结大多数。在中国人民解放战争取得决定性胜利、中国共产党准备夺取全国政权的时候，毛泽东十分警惕在党内出现的“贫雇农打江山坐江山”的狭隘口号，提出要同党领导的统一战线中的各个党派和无党派民主人士一起，用民主的方式来建立人民民主的新中国。1949 年，中国共产党就是经过由各个政党和各个社会界别参加的中国人民政治协商会议这样的统一战线组织，通过协商民主建立起新中国的。新中国成立后，在全国范围战争都已经结束的情况下，到 1954 年全国人民进行普选的条件成熟了，中国召开了全国人民代表大会，制定了宪法。这样，由中国人民政治协商会议代行全国人民代表大会职权的使命完成了。这时，毛泽东注意到，参与新中国建国的全国政协委员中，有些人没有被选为全国人大代表，意识到人大的代表性尽管很大，但不能包括所有的方面，所以决定在召开全国人大后继续保留人民政协组织，发挥那些有治国理政丰富经验的政协委员的作用。这一做法，就形成了“两会”① 制度。现在，每年 3 月，中国都要召开“两会”，由全国人民代表大会行使国家最高权力机关的作用，由政协委员讨论人大代表审议的政府工作报告、最高人民检察院和最高人民法院工作报告以及重大法律的立法。改革开放以来，我们认真总结社会主义民主实践的经验教训，逐渐认识到了“人民通过选举、投票行使权利和人民内部各方面在选举和投票之前进行充分协商，尽可能就共同问题取得一致意见，是我国社会主义民主的两种重要形式。”江泽民在 1991 年“两会”党员负责人会议上，第一次提出了这一观点，强调中国社会主义民主有两种重要形式。2006 年，在中共中央 5 号文件中，第一次把中国社会主义有两种民主形式的问题，写上了中央文件。这个文件指出：“在我们这个幅员辽阔、人口众多的社会主义国家里，关系国计民生的重大问题，在中国共产党领导下进行广泛协商，体现了民主与集中的统一。人民通过选举、投票行使权利和人民内部各方面在重大决策之前进行充分协商，尽可能就共同问题取得一致意见，是我国社会主义民主的两种重要形式。”2007 年 11 月 5 日，国务院新闻办公室发表的《中国的政党制度》白皮书，第一次确认了“选举民主”和“协商民主”这两个概念，并强调“选举民主与协商民主相结合，是中国

① “两会”，是对自 1959 年以来历年召开的中华人民共和国全国人民代表大会和中国人民政治协商会议的统称。地方每年召开的人大和政协也称为“两会”，通常召开的时间比全国“两会”时间要早。

社会主义民主的一大特点。现在，在中国，人民代表大会制度与中国共产党领导的多党合作和政治协商制度，有着相辅相成的作用。选举民主与协商民主相结合，拓展了社会主义民主的深度和广度。经过充分的政治协商，既尊重了多数人的意愿，又照顾了少数人的合理要求，保障最大限度地实现人民民主，促进社会和谐发展。2011年中共中央办公厅颁布的《中共政协全国委员会党组关于〈中共中央关于加强人民政协工作的意见〉贯彻落实情况的报告》中，又把“协商民主”这一概念正式写进了中办文件，并且明确肯定了人民政协是中国协商民主的重要形式。

2012年召开的中共十八大，在强调“人民代表大会制度是保证人民当家作主的根本政治制度”的同时，进一步明确了“社会主义协商民主是我国人民民主的重要形式”，要“健全社会主义协商民主制度”，“推进协商民主广泛、多层、制度化发展”，“充分发挥人民政协作为协商民主的重要渠道作用”。[①] 这些论述和界定的重大贡献，是在肯定人民政协的协商民主的重要形式和专门机构的同时，把起源于统一战线和人民政协的协商民主制度推广到立法、行政、政治、基层民主自治等各个方面，使之成为中国纵向贯通中央到乡村各个层级、横向覆盖政治运行各个领域的基本民主形式。根据这个精神，党的十八届三中全会和全会后设计的协商民主制度，是一个由政党协商、人大协商、政府协商、政协协商、人民团体协商、基层协商以及社会组织协商这“6+1”协商制度构成的协商民主体系。这样，不仅从政治上和理论上把中国特色协商民主制度全面系统地建立起来了，而且同人民代表大会制度的完善相配套，把选举民主和协商民主这两种民主制度确立起来了。

① 胡锦涛：《坚定不移沿着中国特色社会主义道路前进，为全面建成小康社会而奋斗》，《胡锦涛文选》第3卷，人民出版社，2016年版，第633—634页。

在这样的理论阐释和历史回顾中，我们可以体会到，中国在民主政治的实践中有自己的创造。这是中国对中国人民当家作主的贡献，也是中国对人类政治文明的贡献。

第三，党的领导与人民民主、依法治国的关系。

讨论和研究民主与法治的关系，不能回避中国共产党的领导与民主、法治的关系。这个问题，就是在中国共产党的文件中强调的，要坚持党的领导、人民当家作主和依法治国的有机统一。这是中国特色社会主义民主政治的重要优势，也是中国政治体制改革和民主政治顺利发展必须恪守的必备方针。胡锦涛曾经对这三者关系作过一个深刻的解读:“党的领导是人民当家作主、依法治国的根本保证，人民当家作主是社会主义民主政治的本质要求，依法治国是党领导人民治理国家的基本方略。”[①]因此，正确认识和处理好党的领导与人民当家作主、依法治国这三者关系，对于在党的领导下完善中国特色社会主义民主政治、建设社会主义法治国家，具有十分重要的意义。

在正确认识和处理党的领导与人民民主、依法治国关系的时候，尤其要正确认识和处理党的领导与依法治国的关系。在中国，全面推进依法治国，建设社会主义法治国家，必须坚持而不能离开中国共产党的领导。这是一个需要认真研究和澄清的认识问题，又是一个大是大非的政治问题。十八届四中全会上，习近平总书记在对《中共中央关于全面推进依法治国若干重大问题的决定》的起草工作作说明时深刻地指出:“党和法治的关系是法治建设的核心问题。”[②]他强调，对这一点，要理直气壮讲、大张旗鼓讲。要向干部群众讲清楚中国社会主义法治的本质特征，做到正本清源、以正视听。坚持中国特色社会主义

---

① 胡锦涛:《推进社会主义政治文明建设》,《胡锦涛文选》第 2 卷，人民出版社，2016 年版，第 32 页。

②《人民日报》，2014 年 10 月 29 日。

法治道路，需要正确看待党的领导和依法治国的关系。

首先，党的领导是中国特色社会主义最本质的特征，是社会主义法治最根本的保证，在中国这样一个有几千年专制主义传统的国家推进依法治国，离不开中国共产党的领导。中国共产党的领导地位不是自封的，而是历史的选择、实践的结论。中华民族的独立和解放，是在中国共产党的领导下取得的；解决 13 亿多人民温饱问题和初步建成小康社会，也是在中国共产党的领导下实现的。中华民族走向国家富强、民族复兴、社会文明和人民幸福，必须有一个坚强的领导核心，这个核心无可替代，就是执政的中国共产党。历史也已经证明，在中国，从民主革命到社会主义改造，从社会主义建设到改革开放，始终不渝地致力于推进依法治国的，也是中国共产党。不能因为我们犯过像“文化大革命”那样的错误，而无视中国共产党对法制建设和法治的执着追求。这是因为，中国共产党不仅是中国工人阶级的先锋队、中国人民和中华民族的先锋队，有着不断与时俱进的科学理论的指导，而且在长期的实践中形成了为人民服务、实事求是、艰苦奋斗等优良传统，以及由此而生成的自觉抵制各种错误各种腐败的抗体。实践是最权威的，对于这一来自历史、来自实践的结论，是任何一家一派的理论都无法推翻的。今天，全面推进依法治国，建设社会主义法治国家，面对的困难和挑战绝不会少，我们不仅要排除来自国外的自由主义等各种思潮的干扰，还要克服来自中国社会几千年形成的封建专制主义和小生产思想的影响，克服自己头脑中种种幼稚的片面的思想观念的影响。要战胜这些国内外错误思潮或模糊观念的干扰影响，只有在中国共产党领导下才能做到。

其次，中国宪法确立了中国共产党的领导地位。中国宪法以根本法的形式反映了党带领人民进行革命、建设、改革取得的成果，确立了在历史和人民选择中形成的中国共产党的领导地位。讲坚持依法治国首先要坚持依宪治国，坚持依法执政首先要坚持依宪执政，其中就包括了要依宪坚持党的领导这一要求。从 1954 年制定中华人民共和国第一部宪法开始，就强调这是中国共产党执政的“总章程”。这个宪法是在中国共产党领导下制定的，是一部很好的社会主义类型的宪法。虽然后来在实践中有一段时间执行得并不好，但并不是因为党的领导妨碍了宪法和法律的实施，而是破坏和否定党的领导才导致了宪法和法律不能有效实施。正是有了这个极其深刻的教训，中国共产党在拨乱反正中，一面重新提出要坚持党的领导，一面提出民主要制度化、法律化，进而提出要依法治国。党的十二大通过的党章中也明确规定了“党必须在宪法和法律范围内活动”。党的十八届四中全会不仅没有回避这个问题，而且明确指出：“坚持党的领导，是社会主义法治的根本要求，是党和国家的根本所在、命脉所在，是全国各族人民的利益所系、幸福所系，是全面推进依法治国的题中应有之义；党的领导和社会主义法治是一致的，社会主义法治必须坚持党的领导，党的领导必须依靠社会主义法治。”

最后，这也对党提出了极大考验。在世界观多元化的今天，有人想以“依法治国”、“依宪治国”为由否定党的领导，也有人会在“坚持党的领导”的名义下，无视党纪国法，甚至违宪违法。所以，必须看到，今天坚持“依法治国”、“依宪治国”面临着复杂的考验。在党内，尽管党在理性上已经认识到依法治国、依宪治国的重要性，已经认识到党必须在宪法和法律范围内活动，但这并不是说在党内所有人都已经认识到这一点。党的十八届四中全会通过的决定有一个亮点，就是明确提出可以通过加强和改进党的领导，来解决党的领导和社会主义法治的一致性问题。因此，党的领导和社会主义法治一致性的问题，从本质上讲，是一个实践的问题。我们如果能够切实按照中央要求去做，就能够把文件中提出的“党领导人民制定宪法和法律，党带头在宪法和法律范围内活动”的要求变为现实。

概括起来，在处理党的领导和依法治国的关系时，一要解决认识问题，二要解决实践问题。这两个问题解决好了，党和法治的关系这一法治建设的核心问题也就迎刃而解了，中国特色社会主义法治道路也就畅通无阻了。

综上所述，我们所讲的“国家治理体系”和西方所讲的“政府治理体系”不同，是在中国共产党领导下通过民主和法治来管理国家的制度体系，因此，我们既要正确认识和处理好民主与法治、选举民主与协商民主的关系，更要正确认识和处理好党的领导与人民当家作主、依法治国的关系，发挥中国特色政治体制和国家治理体系的独特优势。

依法治国和以德治国

中国特色的民主政治和国家治理体系，不仅体现在中国共产党创造了选举民主和协商民主两种民主形式，而且体现在中国共产党在按照人民民主精神推进依法治国进程时，总结中华民族文明传统中宝贵的治国理政经验，提出并强调要把依法治国和以德治国结合起来，发挥“法治”和“德治”互补共治的优势。

德治，是中国古代儒家倡导的国家治理方式。伦理学意义上的“德”字是西周初期出现的。中国古代典籍《尚书·康诰》中，就已经有西周时期“明德慎罚”的记载。后来，孔子在创立儒学的时候，继承了这一思想，提出君王要“以德治国”，强调“道之以政，齐之以刑，民勉而无耻；道之以德，齐之以礼，有耻且格”。他还对君王说，为政以德，大家就会像群星围绕北斗星那样维护君王。这些思想，在中国古代典籍《论语·为政》中都有记载。孔子的这一德治思想，经过后来两汉魏晋南北朝的法律儒家化运动，礼法合流，到唐朝制定的《唐律》，最终确定了“德礼为政教之本，刑罚为政教之用”的德治体系，并为以后历朝历代封建统治者所尊崇。中国古代这一德治思想，虽然是一种人治的理论，但对于维持中国几千年封建社会的稳定起到了一定作用，尤其是他们主张国家要以道德去感化教育人，为政者要有道德的思想，应该讲是正确的。

在建设中国特色社会主义的过程中，我们在改革开放实践中认识到，治理国家不仅需要法治，也需要德治，使法治与德治相辅相成、相互促进。忽视其中的任何一个方面，都不可能达到使国家长治久安的目的。没有法治，国家不可能长治久安；忽视德治，法治收不到预期效果。根据这样的认识，江泽民在2000年6月28日召开的中央思想政治工作会议上提出："法律和道德作为上层建筑的组成部分，都是维护社会程序、规范人们思想和行为的重要手段，它们相互联系、相互补充。"① 在2001年1月10日召开的全国宣传部长会议上，他在讲话中还专门"提请同志们注意一个问题"："我们在建设有中国特色社会主义，发展社会主义市场经济的过程中，要坚持不懈地加强社会主义法制建设，依法治国，同时也要坚持不懈地加强社会主义道德建设，以德治国。对一个国家的治理来说，法治与德治，从来都是相辅相成、相互促进的。二者缺一不可，也不可偏废。法治属于政治建设、属于政治文明，德治属于思想建设、属于精神文明。二者范畴不同，但其地位和功能都是非常重要的。我们要把法制建设与道德建设紧密结合起来，把依法治国与以德治国紧密结合起来。"② 记得当年有一些研究法学的学者对江泽民提出要把"以德治国"同"依法治国"结合起来，表示了保留的倾向，他们担心强调"以德治国"会导致人治，影响坚持"依法治国"。但是实践告诉我们，党中央当年作出这样的决定是正

① 江泽民：《在中央思想政治工作会议上的讲话》，《江泽民文选》第3卷，人民出版社，2006年版，第91页。

② 江泽民：《大力弘扬不懈奋斗精神》，《江泽民文选》第3卷，人民出版社，2006年版，第200页。

确的。江泽民的这些重要论述，为我们在坚持依法治国的基本方略时正确处理法治与德治的关系，提供了根本指针。

党的十八大后，习近平总书记进一步论述了这个重大问题。第一，他指出，法律和道德之间不仅有着外在的联系并能够相互促进，还有着内在的不可分割的联系。他说："法律是成文的道德，道德是内心的法律。我们要坚持把依法治国和以德治国结合起来，高度重视道德对公民行为的规范作用，引导公民既依法维护合法权益，又自觉履行法定义务，做到享有权利和履行义务相一致。"[①] 第二，他指出，把依法治国和以德治国结合起来，能够"把他律和自律紧密结合起来，做到法治和德治相辅相成、相互促进"[②]。第三，他强调"以德治国、以文化人"是"中华民族的基因"，"植根在中国人内心，潜移默化影响着中国人的思想方式和行为方式"。[③] 这些论述，深刻阐明了在中国为什么要格外强调法治和德治的结合，阐明了在中国治国理政既要坚持依法治国基本方略，也要通过以德治国来支撑依法治国。

值得注意的是，2016 年 12 月 9 日下午，习近平总书记主持中央政治局集体学习了中国历史上法治和德治相结合的经验。他在主持学习时强调，法律是准绳，任何时候都必须遵循；道德是基石，任何时候都不可忽视。在新的历史条件下，我们要把依法治国基本方略、依法执政基本方式落实好，把法治中国建设好，必须坚持依法治国和以德治国相结合，使法治和德治在国家治理中相互补充、相互促进、相得益彰，推进国家治理体系和治理能力现代化。

---

① 习近平：《在首都各界纪念现行宪法公布施行 30 周年大会上的讲话》，《习近平谈治国理政》，外文出版社，2014 年版，第 141 页。

② 习近平：《坚持法治国家、法治政府、法治社会一体建设》，《习近平谈治国理政》，外文出版社，2014 年版，第 146 页。

③ 习近平：《青年要自觉践行社会主义核心价值观》，《习近平谈治国理政》，外文出版社，2014 年版，第 170 页。

在这次中央政治局集体学习中，他系统阐述了坚持依法治国和以德治国相结合，是中国特色社会主义法治道路的特点。也就是说，我们这样做不是一种工具理性的选择，而是对中国共产党治国理政规律的深刻认识和把握，是我们在实践中找到的一条正确的治国理政道路。根据新华社的新闻，他在这次集体学习中强调了这样几个重要观点：

——法律是成文的道德，道德是内心的法律。法律和道德都具有规范社会行为、调节社会关系、维护社会秩序的作用，在国家治理中都有其地位和功能。法安天下，德润人心。法律有效实施有赖于道德支持，道德践行也离不开法律约束。法治和德治不可分离、不可偏废，国家治理需要法律和道德协同发力。

——改革开放以来，我们深刻总结我国社会主义法治建设的成功经验和深刻教训，把依法治国确定为党领导人民治理国家的基本方略，把依法执政确定为党治国理政的基本方式，走出了一条中国特色社会主义法治道路。这条道路的一个鲜明特点，就是坚持依法治国和以德治国相结合，强调法治和德治两手抓、两手都要硬。这既是历史经验的总结，也是对治国理政规律的深刻把握。

——要强化道德对法治的支撑作用。坚持依法治国和以德治国相结合，就要重视发挥道德的教化作用，提高全社会文明程度，为全面依法治国创造良好人文环境。要在道德体系中体现法治要求，发挥道德对法治的滋养作用，努力使道德体系同社会主义法律规范相衔接、相协调、相促进。要在道德教育中突出法治内涵，注重培育人们的法律信仰、法治观念、规则意识，引导人们自觉履行法定义务、社会责任、家庭责任，营造全社会都讲法治、守法治的文化环境。

——要把道德要求贯彻到法治建设中。以法治承载道德理念，道德才有可靠制度支撑。法律法规要树立鲜明道德导向，弘扬美德义行，立法、执法、司法都要体现社会主义道德要求，都要把社会主义核心价值观贯穿其中，使社会主义法治成为良法善治。要把实践中广泛认同、较为成熟、操作性强的道德要求及时上升为法律规范，引导全社会崇德向善。要坚持严格执法，弘扬真善美、打击假恶丑。要坚持公正司法，发挥司法断案惩恶扬善功能。

——要运用法治手段解决道德领域突出问题。法律是底线的道德，也是道德的保障。要加强相关立法工作，明确对失德行为的惩戒措施。要依法加强对群众反映强烈的失德行为的整治。对突出的诚信缺失问题，既要抓紧建立覆盖全社会的征信系统，又要完善守法诚信褒奖机制和违法失信惩戒机制，使人不敢失信、不能失信。对见利忘义、制假售假的违法行为，要加大执法力度，让败德违法者受到惩治、付出代价。

——要提高全民法治意识和道德自觉。法律要发挥作用，首先全社会要信仰法律；道德要得到遵守，必须提高全体人民的道德素质。要加强法治宣传教育，引导全社会树立法治意识，使人们发自内心地信仰和崇敬宪法法律；同时要加强道德建设，弘扬中华民族传统美德，提升全社会思想道德素质。要坚持把全民普法和全民守法作为依法治国的基础性工作，使全体人民成为社会主义法治的忠实崇尚者、自觉遵守者、坚定捍卫者。要深入实施公民道德建设工程，深化群众性精神文明创建活动，引导广大人民群众自觉践行社会主义核心价值观，树立良好道德风尚，争做社会主义道德的示范者、良好风尚的维护者。

——要发挥领导干部在依法治国和以德治国中的关键作用。领导干部既应该做全面依法治国的重要组织者、推动者，也应该做道德建设的积极倡导者、示范者。要坚持把领导干部带头学法、模范守法作为全面依法治国的关键，推动领导干部学法经常化、制度化。以德修身、以德立威、以德服众，是干部成长成才的重要因素。领导干部要努力成为全社会的道德楷模，带头践行社会主义核心价值观，讲党性、重品行、作表率，带头注重家庭、家教、家风，保持共产党人的高尚品格和廉洁操守，以实际行动带动全社会崇德向善、尊法守法。

从新华社新闻所传递的信息看，这不仅是习近平本人对这个问题的最新认识，而且是中国共产党对治国理政规律和中国特色社会主义法治道路的最新认识。从中，我们可以认识到，在中国，治国理政不仅要靠民主和法治，还要靠德治。

综上所述，在民主与法治、德治这三者关系中，民主即人们当家作主是核心。我们所讲的法治，是以民主为内核的法治；我们所讲的德治，也是以民主为内核的德治。这样以人民民主为内核的法治和德治，既继承了历史上法家、儒家倡导的法治、德治文化的精华，又剔除了那些不符合人民民主精神的糟粕。因此，那些担心提倡以德治国会导致人治，把以德治国与依法治国对立起来的观点是错误的。只要我们坚持在人民民主的基础上推进法治和德治，就能够开创和完善中国特色的治国理政新理念新思想新战略。

以辩证思维推进现代治理

历史和实践告诉我们，为中国人民独立自由和中国现代化事业奋斗了 90 多年的中国共产党，正以完善和发展中国特色社会主义制度、推进国家治理体系和治理能力现代化为目标，开始新的征程。我们要按照治国理政规律，把民主与法治、德治结合起来，完成时代赋予我们的光荣而神圣的使命，除了要正确认识和处理上述基本问题外，还要从中国实际出发，以思想理论上的马克思主义的清醒和自觉，正确认识和处理现代与传统、民主与权威、自由与秩序的关系。

一要处理好现代与传统的关系。在现代化理论研究中，越来越多的人认识到，现代化要有现代性，但现代性不等于现代化。由于经验和认识的局限，很多人起初以为现代化就是西方化。后来人们认识到，西方国家的现代化经验应该重视，但不能照抄照搬。现代性是同传统性相对应的范畴，现代化国家是具有现代性的国家。一个有着悠久历史传统的国家在借鉴较早实现现代化国家的现代性经验时，能不能割断自己的历史脉络、完全否定自己的传统呢？当然不能。就是较早实现了现代化的国家，如英国、法国、美国，它们的国家体制也不完全一样。一个成功的现代化国家，总是善于在尊重传统的基础上发展现代性，在拓展现代性的过程中扬弃传统。例如，民主、法治是实现国家治理现代化的现代性元素。党的十八大以来，我们大力发展社会主义协商民主，坚持党的领导、人民当家作主、依法治国有机统一，既传承中华优秀传统文化，弘扬德治传统，又发展现代民主、法治，在扬弃的基础上推进国家治理现代化。只有这样发展起来的民主、法治、德治以及国家治理现代化，才能在中国这块土地上生根、成长、开花、结果。

二要处理好民主与权威的关系。在一个利益多元社会，特别是在一个信息化快速推进的多元社会，完善和发展中国特色社会主义制度、推进国家治理体系和治理能力现代化，必然需要发展民主、健全法治。但自从民主来到世上，就常常被极端民主化、无政府主义、民粹主义等社会思潮扭曲或假冒，甚至引发社会动荡。其中，一个重大误解是认为民主与权威相对立，民主是反权威的。实际上，恩格斯早在《论权威》一文中就深刻指出："把权威原则说成是绝对坏的东西，而把自治原则说成是绝对好的东西，这是荒谬的。权威与自治是相对的东西，它们的应用范围是随着社会发展阶段的不同而改变的。"[①] 当然，也不能

① 恩格斯：《论权威》，《马克思恩格斯文集》第 3 卷，人民出版社，2009 年版，第 337 页。

过分夸大权威的作用。驱动民主和法治两个轮子推进国家治理现代化，必须正确处理民主与权威的关系。

三要处理好自由与秩序的关系。把自由作为中国社会主义核心价值观的重要内容，体现了中国共产党对马克思主义自由理想的追求。在现代化进程中，完善民主也好，健全法治也罢，最终都是为了实现和保障人民群众的自由。但自由同样常常被人误读，其中之一就是把自由与秩序对立起来，把实现国家治理现代化解读为追求绝对自由而不要秩序；一讲秩序，尤其是建立规范的秩序，就认为是限制自由。特别是西方一些人，在自己的国家大讲秩序，而对中国建立秩序的努力则大肆攻击，这是毫无道理的。在一个有 13 亿多人口的发展中国家，没有秩序就不可能有可靠的自由和民主，只能出现无序和混乱。顺利推进国家治理现代化，必须妥善处理自由与秩序的关系，建设一个既有活力又有秩序的社会。

所有这些讨论，回答的就是“治理什么样的国家，怎样治理国家”这一根本问题。这里，我们通过对民主与法治、选举民主与协商民主、党的领导与民主法治、法治与德治这些基本关系的分析讨论，通过对民主政治、法治推进过程中现代与传统、民主与权威、自由与秩序关系的分析和讨论，可以认识到，中国的民主是中国特色社会主义的民主，中国的法治是中国特色社会主义的法治，中国的国家治理是中国特色社会主义的国家治理。中国共产党必须坚定而又清醒地按照治国理政规律，去治理中国这个国家，把中国建设成为一个具有“富强”、“民主”、“文明”、“和谐”、“美丽”五个元素的社会主义现代化国家。这是什么？归结起来，就是中国特色的“治理论”。

第七章

党的领导与政府治理、市场治理、社会治理

我们已经讨论和研究了治国理政的主体和客体，以及在治国理政主客体互动中形成的治理制度，并且讨论和研究了中国特色的治理是什么样的治理，现在需要进一步讨论和研究中国的国家治理体系是怎样运行的，或者说，中国特色的国家治理体系有什么样的运行特点。

嘉兴的“红船服务”总联盟

讨论和研究治国理政问题，不仅要搞清楚国家治理的基本道理，而且要探讨国家治理体系内部各个方面的相互关系及其运行机制，要讨论和研究中国共产党是如何领导人民依照宪法和法律的要求，管理国家事务、管理经济和文化事务、管理社会事务的。具体地说，就是要讨论和研究在治国理政过程中，党的领导、国家（政府）治理、市场（包括企业）治理、社会治理这些国家治理要素是如何运行，并形成一个内部各要素有机联系、良性循环的国家治理体系的。

2016 年 12 月 17 日到 21 日，我在浙江调研那里是怎么推进“创新驱动”的，一路走，一路学习，一路思考，让我进一步领悟了“实践出真知”的道理。在向那里的领导汇报调研体会时，我由衷地说：“我们这些人很笨，怎么由笨变聪明？每年到浙江走走。”这样的话，我在深圳也说过。这不是客气话，而是因为这些改革开放的前沿地区，实践走在前，遇到问题解决问题也在前，了解新问题解决新问题的过程就走在我们之前，经验自然要比我们多。讨论和研究我们的国家治理体系是怎样运行的，或者说应该是怎样运行的，是一个非常复杂的课题。这不是任何人闭门造车能够造出来的。我们可以从一些地方和基层的探索中，获得一些认识或思路。

比如，在治国理政过程中，我们遇到一个非常棘手的问题。经济搞活了，腐败滋生了；腐败管住了，经济不活了。有人把经济下行的问题完全归咎于反腐败斗争，是不正确也不公道的。经济下行的原因很复杂，有国际因素，也有国内经济结构调整和经济发展周期等因素。至于反腐败大得人心、得大人心，人民群众积极性起来了，是有利于经济发展的。但是，我们也听到这些年一些地方反映他们那里的干部，从过去的“乱作为”走向另一极端“不作为”。企业家非常着急，他们说：“现在的干部请他吃饭他不来，送他礼物他不收，我们急着要他办的事他也不办。”同干部谈心，他们说：“不是我们不作为，是现在难作为。”因此，不是反腐败反掉了经济发展的活力，而是一些干部的精神状态没有适应新的形势。这次到浙江调研，一个很大的收获就是，他们通过建立干部和企业家对接的平台和机制，比较好地解决了这个问题。

在浙江嘉兴调研时，12月19日晚上，我们调研组同他们的市长、市委组织部长一起参加了设在嘉兴著名的南湖边上的“嘉兴市‘红船服务’总联盟”的活动。“红船”，是1921年中国共产党在那里通过建党纲领和决议的一条游船。他们用“红船”这个神圣的名义来表达要继承中国共产党的创新创业传统，很有意义。到那里，我们才知道，这个“红船服务”总联盟，是由嘉兴市委组织部出面组织的，由25个政府职能部门、企业家、律师事务所等中介组织、专家学者四个方面参加的，一个为企业家创新创业服务的平台。在总联盟下，还根据行业的区分设有7个子联盟。这个服务联盟，既是一个企业家交流创新创业思路、向政府建言献策的思想平台，也是一个政府部门和中介组织、专家学者为企业家把脉、解决创新创业发展中问题的咨询平台，同时也是企业之间相互学习、相互帮助的自我服务平台。这个服务联盟是2016年5月3日创办的，到我们去的那天晚上，已经举办了19次活动。我看了他们服务活动的一览表，很有意思。比如，5月26日的活动是金融服务联盟投融资对接专场活动，出席的双方为科技企业和市政府方面的金融办。6月2日，10多家企业和市教育局就人才招聘、人才培训、技术合作等内容进行沟通。7月21日，由市外侨办、科技局为科技型企业解答知识产权保护、科技项目申报、海外人才引进等问题。同时，还有一些开拓企业发展思路的报告会，比如，6月29日，由一位企业家就“创业与守业”这个主题作了专场讲演，并同在场的企业家和创客展开讨论。此外，还有其他各种丰富多样的活动形式，让人有别开生面、耳目一新的感觉。出席并观摩了嘉兴的“红船服务”总联盟，我感到豁然开朗。多年来，在治国理政研究过程中，我对于怎么解决既“搞活”又“治乱”的问题、干部和企业家之间建立既“亲”又“清”的关系，也想了很多办法，但都没有我在嘉兴实地调研中看到的管用。

嘉兴创办的“红船服务”总联盟，告诉了我们一个重要的道理：寓“治理”于“服务”之中，就能形成有机的有效的国家治理体系及其运行机制。我们知道，党委、政府、企业、社会各有自己的职责，并且有党纪、政纪、法律和道德约束住他们的活动，但他们在整个国家治理体系中又都是其中有机的组成部分，而不能分割甚至对立。怎么使他们真正成为一个充满生机活力的有机整体？嘉兴的经验，一是突出“红船”，即讲规矩；二是建立“联盟”或“总联盟”，即一个政府部门和企业家等可以坐在一起研究和解决问题的平台；三是形成一个“服务”链而不是行贿受贿链。

嘉兴人探索的，是党委、政府和企业、社会之间怎么更好地协调，干部和企业家之间怎么有效而又健康地合作，这是实践中迫切需要解决的重大问题。以小见大，从中我们可以看到，建构一个符合社会主义国家治理原则的、有机的而且可以良性运行的治理体系及其运行机制，是有希望有前途的。

从全能型国家治理体系的改革到新治理体系的重构

改革开放的实践告诉我们，在计划经济年代建立的全能型的国家治理体系已经不适应中国社会主义现代化的需要，在不断深化的党政分开、政企分开和政社分开的政治体制和行政体制改革中，中国面临如何重构一个有机的可以良性运行的国家治理体系及其运行机制这一重大课题。

对于国家治理体系，在改革开放前，中国同以往许多社会主义国家一样，实行的是党政不分、政企不分、政社不分而由党实行一元化领导的全能型国家治理体系。对于这样的国家治理体系，邓小平早在1980年8月18日发表的《党和国家领导制度的改革》中就已经指出："党和国家现行的一些具体制度中，还存在不少的弊端，妨碍甚至严重妨碍社会主义优越性的发挥。如不认真改革，就很难适应现代化建设的迫切需要，我们就要严重地脱离广大群众。""我们长期认为，社会主义制度和计划管理制度必须对经济、政治、文化、社会都实行中央高度集权的管理体制。"这种"权力过分集中的现象，就是在加强党的一元化领导的口号下，不适当地、不加分析地把一切权力集中于党委，党委的权力又往往集中于几个书记，特别是集中于第一书记，什么事都要第一书记挂帅、拍板。党的一元化领导，往往因此而变成了个人领导。全国各级都不同程度地存在这个问题。"[①] 为此，他在提出推进党和国家领导制度改革的时候，强调重点要解决权力过分集中的问题，特别是要着手解决党政不分、以党代政的问题。与此同时，他也提醒我们："改革党和国家的领导制度，不是要削弱党的领导，涣散党的纪律，而正是为了坚持和加强党的领导，坚持和加强党的纪律。"他说："在中国这样的大国，要把几亿人口的思想和力量统一起来建设社会主义，没有一个由具有高度觉悟性、纪律性和自我牺牲精神的党员组成的能够真正代表和团结人民群众的党，没有这样一个党的统一领

① 邓小平：《党和国家领导制度的改革》，《邓小平文选》第2卷，人民出版社，1994年版，第327—329页。

导，是不可设想的，那就只会四分五裂，一事无成。这是全国各族人民在长期的奋斗实践中深刻认识到的真理。”①

需要指出的是，邓小平在这里所讲的“党和国家领导制度”，和我们今天讲的“国家治理体系”，在本质上是一回事。邓小平的这个重要讲话在中共中央政治局扩大会议上发表后，是在1980年8月31日中共中央政治局会议上讨论通过的，后来又经过他本人同意收入《邓小平文选》。也就是说，第一，这已经不是邓小平个人的主张，而是党中央的意见；第二，邓小平本人从提出到他去世前始终没有改变这一观点。可以说，邓小平提出的党和国家领导制度中存在的突出问题，就是我们在推进国家治理体系创新和改革中要解决的问题。

中国改革开放近40年的实践告诉我们，要实现邓小平提出的这一改革任务，非常不容易。事实上，近40年来，我们无论是推进经济体制改革，还是进行政治体制改革或其他领域的体制改革，致力于解决的都是这个问题。我们深深感到，要解决这些问题，非常不容易。问题之难，不是难在我们要不要改变这一全能型的国家治理体系，而是难在用什么样的国家治理体系来取代这一全能型的国家治理体系，建构一个既具有现代化治理特质，又适合中国国情，能够进一步凸显社会主义基本制度优越性的国家治理体系。这是改革开放近40年来我们一直在探索的难题。

在邓小平提出这一改革任务后，在思想理论界提出了许多替代全能型国家治理体系的改革主张。其中影响最大的主要是两种观点：一是自由放任型国家治理体系；二是现代威权型国家治理体系。

所谓自由放任型国家治理体系，是西方自由主义经济和管理理论在国家治理问题上的体现。在经济理论中，“自由放任”这个词被18世

---

① 邓小平:《党和国家领导制度的改革》,《邓小平文选》第2卷，人民出版社，1994年版，第341—342页。

纪重农主义学派使用过，基本观点是反对政府对贸易的干涉。到了19世纪早期和中期，自由放任主义成为自由市场经济的同义词。自由放任主义主张“小政府”，反对政府对经济的干涉，并且反对政府征收除了足以维持和平、治安和财产权以外的税赋。这种自由主义在第二次世界大战前是欧美国家的主要经济理论和经济模式。经历了20世纪30年代经济大萧条后，自由主义经济理论在战后被凯恩斯国家主义这种新的经济理论和经济模式所取代。但在20世纪80年代，在解决凯恩斯主义面临的困境过程中，伴随着“撒切尔主义”和“里根主义”的兴起，新自由主义再度在西方发达国家兴起，并扩散蔓延至一些经济转型国家和发展中国家，但在那些国家造成的问题也引起了人们的警惕。2008年国际金融危机爆发后，自由放任型国家治理模式包括西方式民主体制的弊端进一步凸显出来，引起人们对新自由主义的深入思考和质疑。在中国改革开放过程中，在决定用社会主义市场经济取代传统的计划经济体制时，也有人主张在中国按照新自由主义的理论和模式来建构中国的市场经济体制，但是，党中央坚持从中国的基本国情出发，以社会主义市场经济为改革目标，推进经济体制改革。在政治体制改革过程中，同样有人主张实行自由放任型国家治理体系。他们把党的领导说成仅仅是“政治领导”，力图改变长期实行并在中国共产党的党章中明确的“思想、政治和组织领导”；对邓小平提出的“党政分开”，不是解释为党政职能分开，而是解释为党组织退出政权机关，经济组织和文化组织中的党组织不再发挥领导作用，只是承担保证监督作用；党组织应该像西方国家的政党那样主要在社会开展活动。这种政治体制改革主张，作为一种政治思潮在中国有不小的影响，但中国共产党中的绝大多数人对此抱有高度的警惕，由于这一政治主张会严重削弱党的领导，因此没有被党中央在实践中付诸实施。

所谓现代威权型国家治理体系，也叫新权威主义，主张在国家经济和社会尚未充分发展的情况下，政府作为高效的权力组织和运行体系，应该牢牢掌控国家治理的主导权，以稳定政治和社会秩序，以保证国家的有效治理。有专家在研究中指出，现代威权型治理模式的主要特征包括：政治上，坚持一元化领导，充分发挥威权领袖和政治精英的作用，打造高度体制化的垂直行政体系，实行渐进式政治改革；经济上，以国家快速发展为重要目标，“计划理性”与“市场理性”并重，政府一方面制定实施符合国情的发展战略，强力介入市场活动，迅速提升国际竞争力，另一方面精心培育市场体系，推动向完善的现代市场经济体制过渡转型；在社会领域，突出社会公正平等，让广大民众分享发展成果，同时以爱国主义和传统价值观凝聚民心，为国家长治久安提供“软支撑”。与“全能国家型”模式不同的是，“现代威权型”治理模式认为，建立强大的中央威权只是国家治理的手段而非最终目的，政府必须用好手中的巨大权力，推动现代化导向的改革举措，实现国家跃进式发展。[①]20 世纪 80 年代中期，中国的政治体制改革被提上议事日程，而各地在经济体制改革中已经出现了诸如“全民经商”、“倒买倒卖”、“官商勾结”等问题，这时，思想理论界有人提出，要解决这些问题，必须增强政府权威，而不能自由放任，实行新权威主义。从那时起，围绕这个问题的争论一直没有停止过。这个国家治理体系同新自由主义显然不同，而且它注意到并强调在发展市场经济的过程中不能没有权威，也不能没有秩序。虽然它不乏精彩之处，有许多合理的方面，但这一理论主张同党中央致力于推进的“以人民为主体”、“以人民为中心”的改革相比，有很大的落差。

在中国改革中，究竟应该实行什么样的国家治理体系？党中央“摸着石头过河”，边实践边总结，不断探索。概括起来，在过去近 40 年

① 参见张光平、张思萌：《国家治理现代化：国际经验与教训》，《当代世界与社会主义》，2015 年第 2 期。

改革中，我们围绕解决“权力过分集中”的问题，以“分权”为重点，迈出了三大步：第一步，党政职能分开；第二步，政企分开；第三步，政社分开。现在到了在“分”的基础上“整合”的阶段，通过整合构建一个符合中国基本国情的现代化的国家治理体系，并在整合中进一步提升现代化的国家治理能力，完善和发展中国特色社会主义制度。

这里，我们先回顾一下党政职能分开、政企分开、政社分开这三大步是怎么在中国波澜壮阔的改革中走过来的。

1. 关于党政职能分开

自邓小平提出“党政分开”这一党和国家领导制度改革原则后，党和人民进行了艰辛的探索。经过国内外政治风波，党的十三届四中全会后，我们澄清了什么是“党政分开”，强调“党政分开”指的是“党政职能分开”，而不是党组织从政权机构退出来，削弱甚至否定党对政权机构的领导。江泽民在1989年12月29日明确指出：“我们党是执政的党，党的领导要通过执政来体现。我们必须强化执政意识，提高执政本领。按照我国宪法的规定，各级政权组织，包括人大、政府和司法机关，都必须接受共产党的领导。凡属方针政策的重大问题，都必须经过党委讨论，然后分头执行。执行政权机构中的党组，应该对同级党委负责；在这些政权机构中任职的党员，应该执行党的决议，接受党的监督。当然，党不是政权本身，不能取代政权机关的职能。我们党的章程规定：‘党的领导主要是政治、思想和组织的领导。’这里的首要问题是，必须有坚强的政治领导，即正确的路线方针政策和政治方向的领导。政治领导与思想领导、组织领导又是统一的、不可分的。思想领导是政治领导、组织领导的重要前提和基础，组织领导是政治领导、思想领导的重要保证。我们要善于把三者很好地统一起来，在政治、经济、文化等各个领域中，更好地坚持社会主义方向，充分发挥党对各项改革和建设的领导。”江泽民在这个讲话中还提出，“必须处理好党政职能分开和发挥党的领导作用的关系，在党的统一领导下，根据各级党组织和政权机关、企事业单位行政组织的不同职能，进一步明确各自的职权和责任”[①]。江泽民的这一论述，针对的就是新自由主义的政治体制改革理论和主张实行自由放任型国家治理的社会思潮。在 1990 年 3 月 18 日阐述如何坚持和完善人民代表大会制度的时候，他又一次强调指出：“党与政权机关性质不同，职能不同，组织形式和工作方式也不同，党不能代替人大行使国家权力。党的政治领导、思想领导、组织领导，要通过政治原则、政治方向、重大决策的领导和思想政治工作、向政权机关推荐重要干部等来实现。”他还说：“要善于使党有关国家重大事务的主张经过法定程序成为国家意志。”并且重申了党章关于“党必须在宪法和法律的范围内活动”的原则和宪法关于“任何组织或者个人都不得有超越宪法和法律的特权”的规定，强调：“所有党组织、党员尤其是领导干部的言行，都不得同宪法和法律相抵触。”[②]从那个时候开始，中国共产党在厘清“党组织”和“政权机构”不同职能的基础上，不断深化以“分权”为重点的政治体制改革，一方面强调要加强党对政权机构的领导，另一方面又强调共产党执政就是领导和支持人民掌握管理国家的权力，实行民主选举、民主决策、民主管理和民主监督，保证人民依法享有广泛的权利和自由，尊重和保障人权，特别是强调要进一步把发扬民主同健全法制紧密结合，实行依法治国，由此形成了既不同于过去那种全能型国家治理体系，又不同于自由放任型和现代威权型国家治理体系的党政关系。其重要标志，就是 1997 年 9 月 12 日党的十五大明确的，党对政权机构的领导

① 江泽民：《为把党建设成更加坚强的工人阶级先锋队而斗争》，《江泽民文选》第 1 卷，人民出版社，2006 年版，第 92 页。

② 江泽民：《坚持和完善人民代表大会制度》，《江泽民文选》第 1 卷，人民出版社，2006 年版，第 112—113 页。

的核心作用是八个字："总揽全局、协调各方"。

什么叫"总揽全局、协调各方"？其要点是：（1）党委在同级政权机构和其他各种组织中要发挥领导核心作用。也就是说，在党委、人大、政府、政协、检察院、法院、人民团体之间，党委要发挥领导核心作用。（2）党委的领导核心作用，首先指的是党委要总揽全局。总揽全局，一是指党委要立足于全党工作的大局，集中主要精力抓住全局性、战略性、前瞻性的重大问题，把好政治方向、决策重大问题、安排重要人事、开展宣传教育、维护社会稳定、形成工作合力、领导群众组织，从政治上、思想上、组织上加强对工作的领导，保证党的理论和路线方针政策的正确贯彻落实；二是指党委只是总揽全局但不包揽一切，人大、政府、政协、检察院、法院、人民团体自己职能范围内的事，自己依照宪法和法律、章程去办。（3）党委的领导核心作用，同时指的是党委要协调各方。协调各方，一是指党委可以从整体推进全局工作的要求出发，统筹协调好人大、政府、政协几套班子之间的关系，统筹安排好纪检和组织、宣传、统战、政法等几个方面的工作，使各方都能各司其职，各尽其责，相互配合，形成合力；二是指党委只是协调各方而不是取代各方，各方的事仍由各方去办，各方之间的事由党委来协调，包括各方之间有不同意见也可以由党委来协调。从中我们可以体会到，党委"总揽全局、协调各方"的领导制度，就是我们说的，既不同于过去那种全能型国家治理体系，又不同于自由放任型和现代威权型国家治理体系的党政关系和领导制度。

2. 关于政企分开

这是针对计划经济条件下建立的国有企业政企不分、活力不足、权力集中、效率不高等突出问题提出来的。从改革开放一开始，我们就把增强企业的活力作为经济体制改革和经济发展的中心问题提了出来。

在党的十一届三中全会上，邓小平明确说过，改革权力过于集中的经济管理体制，扩大企业自主权，是我们最迫切的任务。到1984年10月20日召开党的十二届三中全会提出发展社会主义商品经济，我们对企业的改革和发展问题的认识大大深化了，指出："过去国家对企业管得太多太死的一个重要原因，就是把全民所有同国家机构直接经营企业混为一谈。"解决这个问题的出路，就是所有权同经营权适当分开，"使企业真正成为相对独立的经济实体，成为自主经营、自负盈亏的社会主义商品生产者和经营者，具有自我改造和自我发展的能力，成为具有一定权利和义务的法人。"① 就政府和企业的关系来说，各级政府部门原则上不再直接管理企业。1986年底，邓小平明确指出："企业下放，政企分开，是经济体制改革，也是政治体制改革。"②

但是，尽管我们做了很大努力，国有企业作为国家办的企业，政企不分的问题在计划经济的体制下一直解决不了。1992年，党的十四大明确提出，中国经济体制改革的目标是建立社会主义市场经济，这样，我们解决这个问题的思路大大拓展了。一是把政企分开的问题纳入社会主义市场经济的体系中彻底解决，也就是说，先明确政府与市场的关系，再理顺政府与企业的关系。这样，政企关系就作为政府与市场关系中的一个问题来解决了。二是明确在社会主义市场经济发展过程中，建立现代企业制度是企业改革的方向。现代企业制度的基本特征是产权清晰、权责明确、政企分开、管理科学。要经过改革，在大多数大中型国有企业中都建立现代企业制度，使之成为自主经营、自负盈亏、自我发展、自我约束的法人实体和市场竞争主体。三是在坚持公有制经济为主体的同时，鼓励、支持和引导非公有制经济发展。公

①《中共中央关于经济体制改革的决定》，《十二大以来重要文献选编》（中），人民出版社，1996年版，第565—566页。

② 邓小平：《企业改革和金融改革》，《邓小平文选》第3卷，人民出版社，1993年版，第170页。

有制经济可以通过多种形式同市场经济对接，并发挥自身的优势，非公有制经济也可以进入市场同公有制经济展开平等的竞争。这样，我们要解决的政企关系，就由原来单一的政府与国有企业的关系转变为政府与国有企业和政府与民营企业这两类不同的政企关系。随着社会主义市场经济体制的不断完善，政府在处理与国有企业的关系时，不再管企业的经营活动，而只管国有资本，并且把政府的公共管理职能和国有资产出资人职能分开，建立健全国有资产管理机构对授权监管的国有资本依法履行出资人职责，督促企业实现国有资本保值增值。国有企业则按照现代企业制度要求，完善公司法人治理结构，并形成权力机构、决策机构、监督机构和经营管理者之间的制衡机制。至于政府和民营企业之间，不像国有企业那样存在行政上的隶属关系，也就不存在政企分开的问题，但是存在政府在民营企业的市场准入、投融资、税收、土地使用等方面的行政审批是管紧一点还是宽松一些的问题。在市场经济不断完善的过程中，政府努力清理和修订限制民营企业发展的法律法规和政策，消除体制性的障碍，使得民营企业很快发展了起来。

事实上，从确定建立和健全社会主义市场经济之日起，传统的政企分开问题就已经转化为政府与市场的关系这一更深层次的问题了。也就是说，一旦企业成为市场经济的主体，政府与企业的关系就转化为政府与市场的关系，政企分开的核心问题也就转化为政府与市场的关系问题了。而要厘清政府与市场的关系，涵盖的问题要比政企分开的问题更广更复杂。从理论上讲，传统的政企分开问题在社会主义市场经济形成和发展过程中已经逐步得到解决，事实也是在逐步得到解决，这是中国改革开放的重大成果。但是，另一方面，我们也要注意到，由于政府与市场关系的特殊性和复杂性，政府怎么更好地支持企业充满活力地发展的问题需要得到更好的解决，政企分开这一问题在一些领域也要进一步研究和解决。2013年11月12日召开的党的十八届三中全会在强调“经济体制改革是全面深化改革的重点”时，把十四大确定的市场在资源配置中的“基础性作用”提升为“决定性作用”，提出:“核心问题是处理好政府和市场的关系，使市场在资源配置中起决定性作用和更好发挥政府作用。”[①]与此同时，党的十八届三中全会指出:“国有企业总体上已经同市场经济相融合”，在进一步深化国有企业改革时必须“准确界定不同国有企业功能”，其中包括“国有资本继续控股经营的自然垄断行业，实行政企分开、政资分开、特许经营、政府监管为主要内容的改革”[②]。这里把“国有资本继续控股经营的自然垄断行业”的“政企分开”问题提出来，是非常有针对性的。在贯彻党的十八大和十八届三中全会关于全面深化经济体制改革这些决策过程中，中共中央、国务院在2015年9月13日公布的《关于深化国有企业改革的指导意见》，在全面厘清政府与市场关系的同时，对于进一步解决政企分开问题，提出了具体的意见。由此可见，政企分开这一难题，在形成和发展社会主义市场经济过程中正在破解，而且取得了很大的进步。

这样，问题就由政企分开问题深入到政府与市场的关系问题了，进而又深入到市场治理了。市场治理和政府治理、社会治理一起，统称为国家三大治理。市场治理是一个极其复杂的问题，涵盖了对进入市场的所有产业和行业、资本和其他生产要素、技术和信息的管理，涵盖了从商品生产、分配、流通、消费各个环节运行秩序的规范和监管，也涵盖了实体经济和虚拟经济各个方面的治理，同时还涵盖了对市场经济中活动着的人包括业主、员工、客户、股东和其他中介组织及其相互关系的监管，等等。市场治理的工具也多种多样，有法律法规，

①《中共中央关于全面深化改革若干重大问题的决定》，人民出版社，2013年版，第5页。
②《中共中央关于全面深化改革若干重大问题的决定》，人民出版社，2013年版，第10页。

也有行政措施，还要进行大量的宣传。市场治理，总起来可以概括为两大治理：宏观的市场环境治理和微观的公司治理。公司治理，在中国包括了国有企业的公司治理和民营企业的公司治理这两种既有相同之处又有不同之点的公司治理。中央和地方颁布的经济法律法规，中央和地方有关部门规范经济秩序的执法活动，都属于市场治理范畴。改革开放以来，我们在这方面边实践边学习边总结边规范，付了很多“学费”，也获得了很大进步。比如，在企业建立现代企业制度和公司法人治理结构，就是一个历史性的进步。又比如，在大力发展和完善市场体系的同时，学会了在市场经济条件下政府的宏观调控，避免了1998年亚洲金融危机和2008年以来国际金融危机的波及，就是一个历史性的成果。党的十八大以来，在推进反腐倡廉的过程中，努力在政府官员和企业家之间形成既“亲”又“清”的关系，也是完善市场治理的一大探索。

通过这样的回顾，可以注意到，在国家治理体系现代化的重要方面——市场治理（包括公司治理）这一重大问题上，中国已经按照现代治理的要求取得了长足的进步和明显的成果。在发展市场经济的时候，没有盲目地放弃发挥政府的作用，同自由放任型的国家治理完全不同；强调市场在资源配置中要发挥决定性作用，坚决推进政企分开，同现代威权型国家治理也不同。因此，我们创造的就是中国特色社会主义市场经济的治理体系，是中国特色社会主义的国家治理体系。

3. 关于政社分开

过去，在全能型的国家治理体系中，不仅政企不分，政府与社会的职能更不分，政府从行政机构设置到各项社会事务管理都直接延伸到社会基层。与此同时，社会基层发生的任何矛盾和问题，责任也都会被群众追究到政府的头上，政府特别是地方政府面临极大的压力。随着改革开放的不断推进，特别是伴随着社会主义市场经济的发展，中国的社会结构不断多元化、人员流动不断常态化，加上信息化迅速推进，传统的政社不分的社会管理方式已经越来越不适应这些新情况。实践告诉我们，只有实现政社分开，明确什么是政府应该做的，什么是社会可以做的，界定了政府和社会各自不同的职能，改变政府统揽社会、包打天下的传统体制，才能适应社会变动的新情况。当然，“政社分开”不是削弱政府的公共管理能力，更不是政府退出社会，而是在继续深化政府改革并推动社会体制改革的同时，厘清政府职能的边界，创新政府管社会的体制机制，把政府该管的事情管得更好，把政府该提供的公共服务做得更加充实有效。同时，把那些政府管不了、管不好、管不到、不该管的事情剥离出去，大力培育发展多种形式的社会组织，通过培育发展、孵化支持、购买服务等多种机制，推动社会组织积极参与到公共服务和社会管理等公共事务中来。

这样，就把一个重大问题提上了议事日程，这就是：科学的社会治理。应该看到，改革开放以来，中国共产党在社会建设和社会治理的理论和实践方面进行了不懈探索，经历了从加强社会管理到提高社会治理水平、从创新社会管理体制到创新社会治理体制的逐步深化过程。特别是进入 21 世纪以来，党中央从中国实际出发，根据构建社会主义和谐社会的要求，在社会建设和社会治理方面提出了一系列新思想，作出了一系列新决策，采取了一系列新举措。比如，在党的十六届三中全会提出要完善政府社会管理和公共服务职能后，党的十六届四中全会又进一步明确了要建立健全的社会管理体制是党委领导、政府负责、社会协同、公众参与的社会管理格局。又比如，在党的十七大提出要完善社会管理、健全基层社会管理体制后，党的十八大进一步完善了十六届四中全会提出的社会管理格局，提出要加快形成党委领导、政府负责、社会协同、公众参与、法治保障的社会管理体制。特别是，党的十八届三中全会明确提出了创新社会治理体制、提高社会治理水平的新要求，强调要在改进社会治理方式的同时，激发社会组织活力，正确处理政府和社会关系，加快实施政社分开，推进社会组织明确职权、依法自治、发挥作用，适合由社会组织提供的公共服务和解决的事项都交由社会组织承担。应该讲，中国在社会治理方面取得的这些进展，是中国共产党深入分析今天中国社会发展的阶段性特征得出的新结论、引领社会进步的新标志，回应了时代新课题和人民新期待，充分体现了中国共产党对共产党执政规律、社会主义建设规律、人类社会发展规律认识的新升华。

通过这样的历史回顾，我们可以注意到，在过去 30 多年改革开放进程中，类似于人类早期文明演进过程中出现的“三次社会大分工”①，通过持续不断、逐步推进的党政职能分开、政企分开、政社分开，中国在体制变革中也经历了三次体制职能大分工，从以往那种全能型的国家治理体系中“分”出了四个相对独立、充满自身活力、可以承担治理责任的制度性元素——执政党、政权（政府）、市场（企业）、社会（社会组织）。

但是，从全能型国家治理体系中分出四个可以相对独立地承担治理责任的元素不是我们推进制度改革的最终目的。我们知道，社会是一个有机的整体，社会的有机性就在于社会的各个制度性元素能够整合为互相联系又互相促进的整体。现代化的国家治理体系不同于全能型的国家治理体系，就在于能够让执政党、政权（政府）、市场（企业）、社会（社会组织）这四个元素既各自独立又相辅相成地发挥作用。横看世界各国国家治理的理论和实践，20 世纪 80 年代末逐渐兴起的“现

① 三次社会大分工，指的是人类早期文明演进过程中先后出现的游牧部落和其他人群分离、手工业和农业分离、商人和其他从事生产活动的阶级分离。参见恩格斯:《家庭、私有制和国家的起源》,《马克思恩格斯文集》第 4 卷，人民出版社，2009 年版，第 178—185 页。

代治理”理论认为，在今天经济全球化、政治民主化、文化多样化、社会信息化的时代背景下，政府不再是国家治理唯一的责任承担者，企业、社会组织甚至个人都可以成为治理权力的行使者；多个治理责任承担者之间应该在平等协商基础上展开合作，建立互相联系和协调的运行机制，使之整合成为一个完整的国家治理体系。在当今世界，已经有许多国家开始运用“现代治理”的理念和要素，对传统治理方式进行改良和完善。中国在政治体制、经济体制、社会体制改革中“分”出执政党、政权（政府）、市场（企业）、社会（社会组织）四个元素，意义不可估量，为进一步整合这些元素，构建现代化的国家治理体系及其运行机制，完善和发展中国特色社会主义制度，提供了基本的条件和重要的基石。

与此同时，我们注意到，在国家治理体系建构过程中，执政党、政权（政府）、市场（企业）、社会（社会组织）这四个现代治理的元素可以有不同的排列组合，可以整合成不同的制度及其运行机制。还需要强调的是，中国的国家治理体系建构是按照完善和发展中国特色社会主义制度这一根本方向建构的，各个元素再怎么排列组合，都要有利于中国特色社会主义制度的完善和发展。

一般来说，执政党、政权（政府）、市场（企业）、社会（社会组织）这四个现代治理的元素，至少有两种整合方式：

一种是以政权（政府）为国家治理的主要责任承担者，执政党同社会组织一样列入“社会”元素，国家治理体系由政权机构（包括议会和政府）、企业、社会组织三个元素依照宪法和法律的规范要求，各司其职而又相互联系，整合而成一个比较自由但也比较松散的现代国家治理体系。在西方许多国家，实行的就是这样的国家治理体系。在他们那里，政权机构包括议会和政府一旦发生危机，企业和社会组织可以照常独自运行。这样的国家治理体系虽然克服了全能型国家治理僵硬而又缺乏活力等弊端，但还不是有机运行的国家治理体系，有的时候会出现运行故障。有的欧洲国家就出现过多年选不出一个政府的状况，美国也发生过政府因议会通不过财务预算而关门的例子。至于企业和社会组织遇到“成长的烦恼”时，政府更帮不了多少忙。这样的国家治理体系的优劣都非常明显。

另一种是我们在探索和实施的，由执政党中国共产党发挥领导核心作用，政权机构（包括人民代表大会和政府）、市场（包括企业）、社会（包括社会组织）三个元素在中国共产党领导下，依照宪法和法律法规的规范要求，各司其职而又相互支持，整合成为一个有机的现代国家治理体系。这个治理体系和西方的最大区别，是中国共产党在国家治理中要发挥领导核心作用；另一个重要区别是，政权机构中政府由人民代表大会选举产生并接受其监督，而作为立法机关的人民代表大会，实行的是民主集中制而不是西方那样的两院制。这样的制度有两个优越性：一是能够集中力量办大事；二是在国家治理体系中有一个关系协调者，特别是，政权机构内部发生矛盾时可以由中国共产党来协调，由此减少扯皮、提高效率。但是，我们正在探索的这一现代化的国家治理体系是一个新生事物，还在实践中，还有许多不足，特别是企业的法人治理结构还不完善，社会组织更不成熟，亟须进一步完善制度、提高能力。

综上所述，中国在党政职能分开、政企分开、政社分开基础上一步一步重构的国家治理体系，已经从根本上变革了原来的全能型国家治理体系，正在重新整合为新的国家治理体系。这一国家治理体系已经具有现代国家治理的特点，但又不同于自由放任型和现代威权型国家治理体系，而是政权机构（包括人民代表大会和政府）、市场（包括企业）、社会（包括社会组织）三个元素在中国共产党领导下，依照宪法和法律法规的规范要求，各司其职而又相互支持的，中国共产党的领导、人民当家作主和依法治国三者有机统一的，民主集中型的现代国家治理体系。

这一国家治理体系，是在完善和发展中国特色社会主义制度、推进国家治理体系和治理能力现代化过程中，致力于探索的一种新的国家治理体系。尽管这种探索还刚刚起步，需要解决的问题还不少，但是方向是正确的，是有特点有价值的，必将对人类文明的进步作出中国的贡献。

党怎样领导政权、市场、社会？

现在，需要进一步讨论和研究的是，这样的民主集中型的国家治理体系是怎样运行的。特别是，党的十九大已经明确："党政军民学，东西南北中，党是领导一切的。"[①] 整个国家治理体系的改革按照"坚持和加强党的全面领导"的原则来推进。而中国共产党在这样的国家治理体系中是一个非国家权力机构[②]，但又是领导核心，它是怎样领导政权（包括人大和政府）、市场（特别是企业）和社会（包括社会组织），推动国家治理体系健康运行的？

在讨论这个问题之前，首先要懂得，中国共产党的领导地位是历史形成的，又由宪法赋予的。1840 年鸦片战争以来，面对强大的反动势力和复杂的社会矛盾，中国社会从地主阶级革新派、农民领袖、资产阶级改良派，到资产阶级革命派，都想引领中国走向进步，但都没有成功。中华民族的独立和解放，中国人民站立起来，是在中国共产党的领导下实现的。新中国成立后，在"一穷二白"的基础上建立独立的比较完整的工业体系和国民经济体系，是在中国共产党领导下建立

① 习近平：《决胜全面建成小康社会，夺取新时代中国特色社会主义伟大胜利》，人民出版社，2017 年版，第 20 页。

② 毛泽东说过："共产党没有制宪之权，不能制定法律，不能下命令，只能提建议。"参见毛泽东：《关于政协的性质和任务》（1954 年 12 月 19 日），《毛泽东文集》第 6 卷，人民出版社，1999 年版，第 384 页。

起来的。在长期艰巨复杂的斗争实践和历史性考验中，中国共产党已经成长为中国工人阶级的先锋队、中国人民和中华民族的先锋队，有着不断与时俱进的科学理论的指导，而且在长期的实践中形成了为人民服务、实事求是、艰苦奋斗等优良传统，以及由此而生成的自觉抵制各种错误各种腐败的抗体。改革开放以来，解决13亿多人民温饱问题和全面建成小康社会，大踏步奔向现代化，也是在中国共产党的领导下推进的。今天，中华民族正在为实现国家富强、民族振兴、人民幸福的中国梦而奋斗，必须有一个坚强的领导核心。这个核心无可替代的，就是执政的中国共产党。事实上，中国共产党的领导已经是中国特色社会主义最本质的特征。在《中华人民共和国宪法》的序言中，也明确写有“中国共产党领导”。坚持依法治国，首先要坚持依宪治国；坚持依法执政，首先要坚持依宪执政。这其中就包括了要依宪坚持党的领导这一要求。之所以要这样强调，是因为这是中国的历史事实和中国人民的历史选择。实践是最权威的，对于这一来自历史、来自实践的结论，是任何一家一派的理论都无法推翻的。今天，中国要全面建成小康社会，全面深化改革，全面依法治国，全面从严治党，面对的困难和挑战绝不会少，因此，不仅要排除来自国外的自由主义等各种思潮的干扰，还要克服来自中国社会几千年形成的封建专制主义和小生产思想的影响，克服自己头脑中种种幼稚的片面的思想观念的影响。要战胜这些国内外错误思潮或模糊观念的干扰影响，只有在中国共产党领导下才能做到。

有了这个前提，我们就可以讨论中国共产党是怎样领导政权（包括人大和政府）、市场（特别是企业）、社会（包括社会组织）了。

1. 中国共产党是怎样领导政权（包括人大和政府）的?

首先，我们要了解“党的领导”的科学内涵。在中国，几乎谁都会讲“坚持党的领导”或“加强党的领导”，但由于在历史上这个概念被搞得很乱，今天并不是所有人都十分清楚什么叫“党的领导”。为此，党的十六大专门对这个问题作了科学的阐述，指出：“党的领导主要是政治、思想和组织领导，通过制定大政方针，提出立法建议，推荐重要干部，进行思想宣传，发挥党组织和党员的作用，坚持依法执政，实施党对国家和社会的领导。”[①] 在这个论断里，最值得注意的是对“党的领导作用”的规范。在大政方针问题上，党的领导作用是“制定”；在立法问题上，党的领导作用是“提出建议”；在重要干部选拔问题上，党的领导作用是“推荐”；在思想宣传问题上，党的领导作用是“进行”；在党组织和党员作用问题上，党的领导作用是“发挥”。也就是说，党的领导作用可以分为两类：一类是可以由党组织直接起到决定作用的，包括制定大政方针、进行思想宣传、发挥党组织和党员作用；另一类是党组织不能直接起到决定作用的，比如，立法是人民代表大会的职能，党组织可以提出建议；重要干部选拔问题上，党的系统的领导干部是由党代表大会选举产生的，党组织可以根据党员意见提出推荐人选，政权系统的领导干部是由人民代表大会选举产生的，党组织也可以根据对干部的考察提出推荐人选。总的来说，就是要坚持依法执政，实施党对国家和社会的领导。

其次，我们要了解中国共产党治国的基本方略是依法治国。也就是说，中国共产党虽然是领导核心，包括要领导人民制定宪法和法律，但同时也明确规定党必须在宪法和法律的范围内活动。从 1954 年制定中华人民共和国第一部宪法开始，就强调宪法是中国共产党执政的“总章程”。这个宪法是在中国共产党领导下制定的，是一部很好的社会主义类型的宪法。但是后来在实践中有一段时间执行得并不好，特

---

① 江泽民：《全面建设小康社会，开创中国特色社会主义事业新局面》，《十六大以来重要文献选编》（上），中央文献出版社，2005 年版，第 26 页。

别是“文化大革命”运动中发生的一系列严重错误行为，完全践踏了宪法和法律的权威性。能不能以此为据否定党的领导呢？不能！因为，这个时候恰恰是党的领导不能正常实施的时候，在“文化大革命”中，甚至各级党委都被“踢开”了。也就是说，不是因为党的领导妨碍了宪法和法律的实施，而是破坏和否定党的领导才导致了宪法和法律不能有效实施。正是有了这个极其深刻的教训，在拨乱反正中，中国共产党一面重新提出要坚持党的领导，一面提出民主要制度化、法律化，进而提出要依法治国。党的十二大党章中明确规定了“党必须在宪法和法律范围内活动”。

中国共产党清醒地认识到，在世界观多元化的今天，现实生活中，有人想以“依法治国”、“依宪治国”为由否定党的领导，也有人会在“坚持党的领导”的名义下，无视党纪国法，甚至违宪反法。所以，必须看到，今天坚持“依法治国”、“依宪治国”面临着复杂的考验。在党内，尽管党在理性上已经认识到依法治国、依宪治国的重要性，已经认识到党必须在宪法和法律范围内活动，但这并不是说在党内所有人都已经认识到这一点。为此，党的十八届四中全会强调，要通过加强和改进党的领导，来解决党的领导和社会主义法治的一致性问题。因此，党的领导和社会主义法治一致性的问题，从本质上讲，是一个实践的问题。

最后，我们还要了解中国共产党的组织设置。党组织的设置，和国家政权机构设置相配套，并延伸到基层。在《中华人民共和国宪法》中，第三章讲的是“国家机构”。这一章共设八节，指出国家机构包括全国人民代表大会、中华人民共和国主席、国务院、中央军事委员会，也包括地方各级人民代表大会和地方各级人民政府、民族自治地方的自治机关，还包括监察委员会、人民法院和人民检察院。其中，地方政权机构指的是：省、直辖市、县、市、市辖区、乡、民族乡、镇设立的人民代表大会和人民政府，也包括民族自治区、自治州、自治县设立的人民代表大会和人民政府。按照《中国共产党章程》，在建立政权机构的中央和地方，从中央到地方的省（自治区、直辖市）、县、市、市辖区和民族自治州、自治县，再到乡、民族乡、镇，都建有中国共产党的党委。

与这个组织设置相联系的，就是中国共产党在政权机构里面建有党组。中国共产党在政权机构换届时，可以向政权机构推荐重要干部，政权机构按照宪法和法律通过选举或法定的任免手续，组成政权机构的领导班子后，中国共产党可以根据进入领导班子的党员的实际情况成立党组。《中国共产党章程》第九章，就是关于党组的规定，其中明确规定："在中央和地方国家机关、人民团体、经济组织、文化组织和其他非党组织的领导机关中，可以成立党组。党组发挥领导核心作用。党组的任务，主要是负责贯彻执行党的路线、方针、政策；加强对本单位党的建设的领导，履行全面从严治党责任；讨论和决定本单位的重大问题；做好干部管理工作；讨论和决定基层党组织设置调整和发展党员、处分党员等重要事项；团结党外干部和群众，完成党和国家交给的任务；领导机关和直属单位党组织的工作。"还规定："党组的成员，由批准成立党组的党组织决定。""党组必须服从批准它成立的党组织领导。"因此，就中央而言，在全国人民代表大会、国务院、最高人民检察院、最高人民法院等政权机构和全国政协，以及全国总工会、共青团、全国妇联等人民团体，都建有服从中共中央领导的党组。地方政权机构和人民政协、人民团体也一样，都建有服从中国共产党地方党委领导的党组。

如果把中国的党政关系比作英文字母"H"，两条直杠就是中国共产党的党委和中国的政权机构，中间一条连接两条直杠的横杆就是中国共产党推荐到政权机构去工作的党员干部及其组成的党组。也就是说，党组是中国共产党的党组织和中国的政权机构之间的连接环节。

由于中国共产党的中央委员会和地方党委同他们所对应的政权机构和人民政协、人民团体内部建立的党组有上下级关系，这样，中国共产党的各级党委就可以通过对党组的领导，让党组在政权机构中发挥领导核心作用，把党的决策或决定通过法律的程序，转变为国家的决策或决定，即可以通过党组把党的意志按照宪法和法律的规范程序转变为国家意志。

在中国，讲到领导机关，都把党委、人大、政府、政协称为“四套班子”。其实，这“四套班子”中，人大和政府是国家权力机关，党委和政协都不是国家权力机关，但人大、政府、政协中的党组都是党委成立并服从党委领导的，这就是中国共产党领导政权的奥秘，也是中国共产党领导人民政协和人民团体的奥秘。

至于在没有政权机构的基层，包括企业、农村、机关、学校、科研院所、街道社区、社会组织、人民解放军连队和其他基层单位，中国共产党也建立了党的基层组织，要求这些党组织和党员干部密切联系群众，发挥先锋模范作用，并同党中央在思想、政治和行动上保持高度的一致。这是中国共产党能够实施对政权机构领导的又一重要基础。

2. 中国共产党是怎样领导市场（特别是企业）的？

在中国经济体制和政治体制改革推进的过程中，特别是在政企分工后形成的作为法人的企业和以这样的企业为主体建立起来的社会主义市场经济体制，是中国改革开放的一大成就。与此同时，一个问题发生了：在厘清政府与市场、政府与企业的关系后，党的领导与市场、党组织与企业是什么关系呢？在中国共产党领导的经济体制和政治体制中，中国共产党是怎样领导市场特别是企业的呢？

这里讲的“领导”，实际上包括了三个层次的领导问题：第一个层次，是党怎样领导好经济工作，确保它能够在社会主义市场经济条件下健康发展；第二个层次，是党怎样领导好市场经济，确保市场在资源配置中起决定性作用；第三个层次，是党怎样领导好市场经济的主体企业（包括国有企业和民营企业），使他们能够充分发挥内在的活力而又守法、不迷失方向。中国共产党对这个问题非常重视，在党的十六届四中全会通过的《关于加强党的执政能力建设的决定》中，专门研究和提出了“坚持把发展作为党执政兴国的第一要务，不断提高驾驭社会主义市场经济的能力”这个重大问题。在党的十八届五中全会制定“十三五”规划这一全面建成小康社会决胜阶段经济社会发展规划时，又一次系统研究了怎么样“加强和改善党的领导，完善党领导经济社会发展工作体制机制和能力”这一重大问题。

在有些人看来，市场是“看不见的手”，党怎样能够领导这只“看不见的手”呢？但是，他们不仅忘记了市场也会失灵，需要“看得见的手”加以宏观调控，而且忘记了市场经济的运行是有规律的。共产党人是辩证唯物主义者，是按规律办事的。党领导社会主义市场经济和经济发展的问题，本质上是要坚持按规律办事，即要按社会主义市场经济的规律办事，按经济发展的规律办事。比如，党的十八届五中全会围绕提高党领导经济社会发展的能力，强调了六个大问题：一是要完善党领导经济社会发展的工作体制机制；二是党要善于动员人民群众团结奋斗；三是党要有办法发现、培养和集聚人才；四是党要会运用法治思维和法治方式推动发展；五是党能够加强和创新社会治理；六是各地都能够从实际出发落实“十三五”规划纲要和专项规划。[①]这六个问题，细细想来，不仅非常有针对性，而且都是多年来我们在领导经济社会工作中获得的规律性认识。所以，对于市场和市场的主体企业，党不是不能领导，而是要按照市场经济和现代企业发展的客观

---

① 参见《中共中央关于制定国民经济和社会发展第十三个五年规划的建议》辅导读本，人民出版社，2015 年版，第 39—43 页。

规律来领导。从这样的意义上探讨党怎样领导市场特别是企业的发展，必须把握好以下要旨：

第一，必须在企业中建立党组织。这是实现党对企业和市场领导的基础。改革开放以来，我们曾经对企业中要不要建立党组织，有不同的看法。实践告诉我们，尽管企业是一个经济组织，但企业搞得好不好，关键在人，在人的积极性、主动性和创造性能不能得到充分的发挥。比如，尽管西方的“泰罗制”[①]可以把整个生产流程组织得非常规范和严密，但这种管理方式把人看作是“经济人”，把工人看作是机器，不能激发工人的积极性和主动性，更是创新发展的体制性障碍。我们在企业中建立党组织和工会，有利于企业把科学管理和民主管理结合起来，充分调动广大职工的积极性、主动性和创造性。与此同时，我们注意到，由于国有企业和民营企业的情况不一样，党组织的建设和作用也不完全一样。对于国有企业党的建设，党中央十分重视。习近平总书记多次强调，坚持党对国有企业的领导不可动摇，要通过加强和完善党对国有企业的领导、加强和改进国有企业党的建设，使国有企业成为党和国家最可信赖的依靠力量，成为坚决贯彻执行党中央决策部署的重要力量，成为贯彻新发展理念、全面深化改革的重要力量，成为实施“走出去”战略、“一带一路”建设等重大战略的重要力量，成为壮大综合国力、促进经济社会发展、保障和改善民生的重要力量，成为中国共产党赢得具有许多新的历史特点的伟大斗争胜利的重要力量。对于民营企业党的建设，党中央也十分重视。习近平总书记曾经说过，加强和改进非公有制企业党建工作，要抓好“两个覆盖”、发挥好党组织“两个作用”、加强“两支队伍”建设。抓好“两个覆盖”，就是要抓好党组织覆盖和党的工作覆盖，加大党员发展力

① 泰罗在20世纪初创建了科学管理理论体系，他的这套体系被人称为“泰罗制”。泰罗认为，企业管理的根本目的在于提高劳动生产率。

度，做好流动党员管理服务和引进党员职工工作，不具备建立党组织条件的要采取多种方式积极开展党的工作，增强党的影响力。发挥好党组织“两个作用”，就是党组织要在职工群众中发挥政治核心作用，在企业发展中发挥政治引领作用，把贯彻党的路线方针政策、维护职工群众合法权益、引领建设先进企业文化、创先争优推动企业发展贯穿党组织活动始终。加强“两支队伍”建设，就是要加强党组织书记和党建工作指导员队伍建设，为开展非公有制企业党建工作提供组织保障。同时，习近平总书记还强调，非公有制企业面广量大、类型多样，各级党委要切实加强领导、落实责任，健全机构、配强力量，对民营、外资等不同规模、不同类型企业要注重分类指导，增强工作的针对性和实效性。总之，党要领导好市场特别是企业，首先要在企业里面建立党组织，依托企业党组织，实现党对市场特别是企业的领导。

第二，必须提高完善体制机制的能力。正如十八届五中全会所分析的，中国发展仍处于可以大有作为的重要战略机遇期，也面临诸多矛盾叠加、风险隐患增多的严峻挑战。我们不仅要准确把握战略机遇期及其内涵的深刻变化，更加有效地应对各种风险和挑战，而且要完善把握机遇、科学决策的体制机制。为此，十八届五中全会提出，要在坚持党总揽全局、协调各方，发挥各级党委（党组）领导核心作用的前提下，加强制度化建设，改进工作体制机制和方式方法，提出了完善党的领导能力的三大举措：一是强化全委会决策和监督作用。按照党章规定，党代会和它所产生的中央委员会是党的最高领导机关，地方各级党代会和它们所产生的委员会是党的地方各级领导机关。在党代会闭会期间，由全委会执行党代会决议（地方全委会还要执行上级党组织的指示）、领导党的工作。因此，在中央，全委会每年至少举行一次；在地方，全委会每年至少召开两次。至于全会选举产生的常委会（在中央包括政治局委员和政治局常委），是“行使全委会职权”的，要向全委会报告工作并接受全委会的监督。由于全委会有这样法定的“领导”职能，代表性广，人数也多于常委会成员，有利于决策的科学化民主化。这几年，有些地方根据党章规定，正在探索一年开多次全委会，重大决策都由全委会来决定。这次提出“强化全委会决策和监督作用”，是扩大和健全党内民主的重大举措，也是提高党的领导能力的重大决定。二是健全决策咨询机制。由于党领导经济社会发展主要是把握方向，谋划全局，提出建议，制定政策，推动立法，营造良好环境，和政府的职能不一样，因此，加强党领导经济社会发展的能力，主要体现在怎样作好决策上。因此，十八届五中全会提出，党要“提高决策科学化水平，完善党委研究经济社会发展战略、定期分析经济形势、研究重大方针政策的工作机制”。三是完善信息发布制度。这是提高决策民主化的重要举措。这些体制机制性的决定，是提高党的领导能力的重要举措，也是提高党的领导能力的具体表现。

第三，必须提高动员人民群众的能力。全面建成小康社会，实现“两个一百年”奋斗目标和中国梦，是亿万人民自己的事业，只有动员亿万人民群众积极参与才能完成。事实上，自从有政党以来，任何一个政党，都要具有动员人民群众的能力，没有这种能力就无法存在和发展。中国共产党是中国工人阶级的先锋队，也是中国人民和中华民族的先锋队，在长期的实践中形成了中国其他政党都难以比及的群众动员力。但是这种动员力既不是天生的，也不是永远固有的，关键要看党决策的正确性、人民性，要看党的领导方式的民主性，要看党宣传组织群众的广泛性，要看党与人民群众关系的紧密性，要看人民群众参与的自觉性。党的十八届五中全会为落实“十三五”规划纲要，强调要“充分发扬民主，贯彻党的群众路线，提高宣传和组织群众能力，加强经济社会发展重大问题和涉及群众切身利益问题的协商，依法保障人民各项权益，激发各族人民建设祖国的主人翁意识”[①]，以及关于加强思想政治工作的要求、巩固和发展最广泛的爱国统一战线，都是着力于提高党的动员群众的能力。

第四，必须提高广揽人才的能力。现代化建设的实践证明，尊重知识，尊重人才，才有现代化；没有知识，没有人才，就没有现代化。现在，中国的现代化已经进入互联网时代，更需要大批与此相适应的人才。对于在中国领导现代化的中国共产党来讲，过去重视人才，今天更要重视人才。因此，党的十八届五中全会提出了“加快建设人才强国”的任务，并且作出了两大决策：一是推动人才结构战略性调整，突出“高精尖缺”导向，实施重大人才工程，着力发现、培养、集聚战略科学家、科技领军人才、企业家人才、高技能人才队伍。实施更开放的创新人才引进政策，更大力度引进急需紧缺人才，聚天下英才而用之。同时，政府引导和企业、高校、科研院所、社会组织、个人有序参与相结合，开发和引进人才。二是优化人力资源配置，清除人才流动障碍，提高社会横向和纵向流动性，同时破解当下在人才问题上的种种难题。这两大举措，一言以概之，就是要提高党广揽人才的能力。

第五，必须提高依法推动发展的能力。我们已经提出要全面依法治国，这就要求我们在领导经济社会发展的时候，学会运用法治思维和法治方式推动发展，全面提高党依据宪法法律治国理政、依据党内法规管党治党的能力和水平。这是一项宏大的工程，需要在立法、执法、司法、守法四个环节上全面推进。党的十八届五中全会提出了这个问题和解决这个问题的努力方向。

第六，必须提高实干的能力。习近平总书记强调指出：“‘十三五’时期我国发展，既要看速度，也要看增量，更要看质量，要着力实现

---

①《中共中央关于制定国民经济和社会发展第十三个五年规划的建议》辅导读本，人民出版社，2015年版，第40页。

有质量、有效益、没水分、可持续的增长，着力在转变经济发展方式、优化经济结构、改善生态环境、提高发展质量和效益中实现经济增长。”[①] 这是一个务实的要求，是全党努力的方向。我们注意到，党的十八届五中全会不仅提出了“十三五”规划的建议，而且明确要求全党各地区各级党组织要确保规划建议的目标任务落到实处。为此，就要提高党的各地区各级党组织和广大党员干部的实干能力。这里所讲的“实”，一是制定的规划纲要和专项规划要符合实际，二是确定的目标任务包括各类指标要实，三是实现目标任务和各类指标的措施要实。由于中国经济长期向好的基本面没有改变，但发展不平衡、不协调、不可持续问题仍然突出，全面建成小康社会在一些方面存在明显的短板。在这样的环境下领导经济社会发展，必须以“实干兴邦”的精神，深入实际、深入基层、深入群众，有针对性地解决瓶颈性问题。只有这样，才能做到应对复杂局面泰然自若、化解风险挑战胜券在握，实现“十三五”规划各项目标任务，全面建成小康社会。

当然，中国共产党怎样领导一个不断变动的市场，特别是企业的发展，是一个长期的复杂课题，需要我们进行坚持不懈的艰辛探索。我们在本章一开始就介绍的浙江嘉兴的“红船服务”总联盟，他们探索的就是党组织怎样在发展社会主义市场经济过程中协调和处理好政府与市场、政府与企业、干部与企业家的关系等复杂问题。而其实质，就是党怎样领导市场（特别是企业）的问题。

3. 中国共产党是怎样领导社会（包括社会组织）的？

在政社分开的社会体制改革进程中，社会（包括社会组织）日益成为一个相对独立的国家治理责任者；而在社会主义市场经济和民主政

①《中共中央关于制定国民经济和社会发展第十三个五年规划的建议》辅导读本，人民出版社，2015 年版，第 52 页。

治发展过程中，社会又出现了多元化的新格局。在诸如此类新情况下，由此发生的新问题是：党怎样领导社会（包括社会组织）？

需要说明的是，党领导社会的内涵，至少包括三层含义：一是党怎样领导社会的主体即各个阶层的人民群众；二是党怎样领导社会治理，包括基层群众自治；三是党怎样领导在改革中发展起来的各种类型的社会组织。

党领导社会，不是党控制社会，而是党服务社会。党要寓领导于服务之中，在为社会服务中实现党对社会的领导。社会的主体是人民群众，党服务社会，更不是党管制人民群众，而是党服务人民群众，在服务人民群众中实现党对社会的领导。因此，党领导社会的实质，就是党要自始至终贯彻好全心全意为人民服务的根本宗旨，坚持一切为了群众、一切依靠群众，从群众中来、到群众中去的群众路线。这是中国共产党领导革命、建设和改革的经验，也是中国共产党治国理政的根本理念。与此同时，在党和人民群众的关系的问题上，中国共产党十分清醒，一再强调：密切联系群众，是中国共产党最大的政治优势；脱离群众，是中国共产党执政后面临的最大危险。党的十八大以来，在以习近平同志为核心的党中央领导下，针对党内严重存在的形式主义、官僚主义、享乐主义和奢靡之风，在县处级以上领导机关和领导干部中，开展了以为民务实清廉为主要内容的群众路线教育实践活动。特别是通过“照镜子”、“正衣冠”、“洗洗澡”、“治治病”这样四个环节，开展批评和自我批评，帮助干部自我净化、自我完善、自我革新、自我提高。这场教育实践活动的重要成果，不仅是党进一步纯洁了自己的肌体，而且进一步获得了人民群众的信赖和拥护，获得了党领导社会的最为可靠的群众基础。

党加强和改善对社会的领导，关键在提高创新社会治理的能力。根据“领导社会就是服务社会、服务人民群众”的理念，中国共产党在推进社会体制改革、探索以人民群众为主体的社会治理中，形成了党委领导、政府负责、社会协同、公众参与、法治保障的社会管理体制，形成了政府主导、覆盖城乡、可持续的基本公共服务体系，形成了政社分开、权责明确、依法自治的现代社会组织体制，形成了源头治理、动态管理、应急处置相结合的社会管理体制。现在，走进中国的城市和城镇社区，我们可以见到各地都已经建立了方便群众的“社区服务中心”，群众生活中遇到的各种问题都可以在这里得到解决。事实上，自改革开放以来，中国在社会体制改革中迈出了三大步：一是在政治体制和社会体制改革中，在农村人民公社解体过程中，建立了村民委员会，在城市健全了居民委员会，建立和完善了基层群众性自治组织；二是在此基础上改变了过去完全由政府派出机构街道办事处包揽居民事务的社会管理体制，建立了政社分开的社区，居民通过自己选举产生的居民委员会和村民委员会（不少地方还建立了民选的物业委员会）来管理自己，政府则以服务的方式为居民提供帮助，在社区内建立了服务中心、警务站、医疗站，有的地方还建立了法律援助中心；三是在政治体制和社会体制改革不断深化的过程中，建立起同当地情况相适应的基层群众自治制度，形成和健全了中国特色的基层民主制度。这一制度和人民代表大会制度、中国共产党领导的多党合作和政治协商制度、民族区域自治制度一起，统称为中国的“四大民主制度”。

党在加强和完善对社会管理的过程中，面对着层出不穷的新情况。比如，在中国，伴随着改革开放的深入，各个领域各种类型的社会组织（包括各种协会、研究会、商会）像雨后春笋般地涌现出来，过去的管理体制已经严重不适应这样的新情况。中国正在探索新的社会组织管理方式和管理体制，这是党领导社会的一个极其重要的方面。苏东剧变和后来所谓的“颜色革命”、“阿拉伯之春”等非常事件，都告诉我们，治国理政必须重视和加强对社会组织的领导。但是，中国共产党有别的国家都没有的一个优势，这就是在社会组织里建立党组织，依靠广大共产党员和党组织发挥政治核心作用，通过社会组织内部的协商民主来健全社会组织的自身建设，同时更好地服务社会组织成员，发挥好社会组织在政府与它所联系的群众之间的桥梁和纽带作用。

中国共产党清醒地认识到，在中国走向现代化的进程中，现在处于一个被世界上许多人称为“中等收入陷阱”的阶段；社会主义市场经济的发展又推动公民由“单位人”转化为“社会人”；由城乡居民自治的社区也刚刚建立起来；许多人的素质也还不能适应中国社会急剧的变化。这种种新情况，急需中国共产党人学会加强和创新社会治理。同时，中国共产党也有自己的优势，这就是中国共产党有450多万个基层党组织、8900多万名党员，这是加强和创新社会治理、推动经济社会发展、实现党的执政使命的强大的组织资源和组织优势；而且，中国共产党的基层党组织不仅是政治组织，是坚强的战斗堡垒，还是服务型组织，具有服务功能，可以在服务中体现党的政治优势。中国共产党关于加强和创新社会治理的自觉意识和在实践中提出的新理念新思想，内容丰富，非常具体，已经在如此巨大的社会变动中经受住了考验，还将继续在考验中完善。

由此可见，我们讲的治国理政，不仅仅是规范国家政权机关包括政府的行为方式，而且要科学地规范国家对政权机关（包括人大和政府）、市场（包括企业）、社会（包括社会组织）的行为方式及其相互关系的运行方式。这是一种广义的而不是狭义的治国理念。而这样的国家治理体系又都是在中国共产党的领导下运行的，党的领导方式和执政方式改革将同国家治理体系和治理能力现代化同步推进，甚至要引领国家治理体系和治理能力现代化的推进。这一根本特点，决定了党的治理和国家治理既有不同的对象、要求和特点，又有不可分割的联系。

总之，中国共产党能够在全面创新国家治理体系和治理能力的进程中，实现党对政权、市场、社会的有效领导，实现中国改革、发展和稳定的有机统一，是非常不容易的事情。完全可以这样说，中国共产党在领导人民治国理政的实践中创造的国家治理制度和运行机制，是中国共产党和中国人民的宝贵财富，也是中国共产党和中国人民对人类文明进步作出的宝贵贡献。

中国制度的刚性和韧性

历史生动地告诉我们，当我们在改革开放中从全能型的国家治理体系中走出来的时候，既创造了符合现代化要求的国家治理体系，又没有完全丢弃我们原来制度体系中的优点。在建构现代化的政府治理、市场治理、社会治理体系的同时，坚持在中国共产党的强有力领导下，总揽和协调各个治理体系的运转，使之成为一个相互联系又相互制约，充满生机和活力地运行的国家治理体系。

记得2015年6月我在研究这个问题时，写过一篇千字文，题目是《制度韧性与制度自信》，阐述了我们在政治体制、经济体制和社会体制改革中形成并不断完善的中国特色社会主义制度，是既有刚性又有韧性的制度。我们应该在这样的认识基础上，建立我们对中国特色社会主义的制度自信。这篇文章，经过《人民日报》的编辑，发表在2015年6月12日的理论版上，题目改为《中国特色社会主义制度具有强大韧性》。有的朋友对我说，这篇文章对中国特色社会主义制度的论述，让人有耳目一新之感，深受启发。这里，我就把这篇文章的原文抄录于下，作为本章的结语：

对中国特色社会主义制度的自信，来自于对这种制度的科学认识。中国特色社会主义是马克思主义基本原理与当代中国实际和时代特征相结合的产物。这种相结合，内在地包括了原则性和灵活性的统一，这就从根本上决定了中国特色社会主义在制度上既有刚性，又有韧性，因而它能够经受那么多的挑战和考验而郁郁葱葱地向前发展。

一、制度韧性：中国特色社会主义的特点和优点

近年来，国外许多学者没有看到中国出现他们期待的社会政治变动，就认为中国实行了既有别于东方专制主义、又区别于西方自由主义的韧性权威主义。在这里，我们不准备对于这样的观点进行评论，而是想指出中国特色社会主义制度确实有韧性，这是我们制度的特点和优点。

回顾历史，自从党的十一届三中全会决定实现工作重点的战略转移，实行改革开放政策以来，我们至少经历了八场考验：

第一场，是拨乱反正的考验。当时我们刚从"文化大革命"中走出来，既存在着长期形成的"左"的影响的压力，又面临着否定党的领导和社会主义道路的右的思潮的挑战。在这样复杂的形势下，我们坚持解放思想、实事求是的思想路线，既"拨乱"又"反正"，不走老路，也不走邪路，完成了党在指导思想上的拨乱反正，为新时期的现代化建设创造了重要条件。

第二场，是改革开放的考验。从农村家庭联产承包责任制改革到发展个体私有经济，从建立四个经济特区到全方位对外

开放，一直到明确经济体制改革的目标是建立社会主义市场经济，改革开放每推进一步都遇到来自“左”的障碍和来自右的干扰。我们坚持邓小平理论，按照“三个有利于”的标准推进改革开放，赢得了中国前所未有快速发展的好形势。

第三场，是国内外政治风波的严峻考验。国内外各种各样的敌对势力都期待苏东剧变的多米诺骨牌最终推倒中国的万里长城。在这场关系到中国社会主义生死存亡的大考验中，我们不仅站住了，而且从中正确汲取教训，全面贯彻“一个中心、两个基本点”的基本路线，按照“三个代表”重要思想创造性地解决执政党建设中的重大问题，妥善处理改革发展稳定三者关系，把中国特色社会主义推进到了21世纪。

第四场，是特大自然灾害的考验。改革开放以来，我们几乎每年都会遭受洪涝干旱等自然灾害，而像2003年的“非典”和2008年汶川特大地震，则是十分罕见的。全世界都注意到，中国在抗灾中不仅显现了改革开放以来物质条件的改善，而且展现了中国的制度优势、党和政府的组织能力以及崭新的社会风貌。

第五场，是群体性事件的考验。随着市场经济的发展，人民生活水平明显提高，国家实力快速增强，与此同时，社会分层加剧，社会结构变化，社会矛盾增多，群体性事件接连发生。海外媒体大肆渲染中国“农民暴动”，渲染中国政权已经不稳定。我们按照科学发展观的要求正确处理这些问题，在全社会推进和谐社会建设，保持了持续较快发展的势头。

第六场，是国际金融危机的考验。由美国次贷危机引发的国际金融危机，迅速席卷全球，也波及我国，对我国沿海外向型经济和传统制造业的发展造成了严重的困难。我们发挥社会主义市场经济的优势，加快转变经济发展方式，进而调结构，稳增长，深入解决经济新常态下出现的各种新问题，减轻了这场来势迅猛、范围广大、延续多年的经济危机的消极影响。

第七场，是腐败的考验。在改革开放进程中，我们尽管一开始就提出要遏制腐败现象滋生蔓延，但是由于体制转型带来的寻租机会、人情文化的消极影响，加上许多干部理想信念淡薄，经受不住利益的诱惑，以权谋私，贪赃枉法，掉入腐败的深渊。我们秉承“治国必先治党，治党务必从严”的要求，整饬党的作风和干部队伍，大张旗鼓开展反腐败斗争，赢得了党心民心。

第八场，是全面深化改革和全面推进依法治国的考验。经过30多年改革开放，我们既取得了历史性的进步，又积累了大量的矛盾，同时又遇到了由国内外新形势造成的新问题，改革进入攻坚期和深水区。我们形成了“四个全面”战略布局，以全面建成小康社会为战略目标，以完善和发展中国特色社会主义制度，推进国家治理体系和治理能力现代化为总目标，全面深化改革，同时全面推进依法治国、全面从严治党，开始了新的伟大斗争。

这些考验，有意识形态方面的，也有政治经济方面的；有来自社会生活的，也有来自自然的；有来自国内的，也有来自国外的。其中，既有内部结构性变动的因素造成的，也有外部冲击性的因素带来的。尽管考验还没有完结，但我们在经受考验时，已经显示了中国共产党的执政能力和中国特色社会主义制度的韧性。这种韧性，是中国特色社会主义制度的特点和优点，也是我们制度自信的重要根据。

二、韧性基础：具有张力的国家治理结构

中国特色社会主义制度的这种韧性是从哪里来的？其基础就是改革开放造就的、具有张力的国家治理结构。

韧性，本来是一个物理学的范畴。材料能够抵抗脆性破坏的能力，被称为断裂韧性；能够抵抗外来冲击负荷能力的，叫作冲击韧性。材料的韧性取决于材料的元素及其结构。比如，生铁和钢的区别在于含碳量的不同，含碳量越高硬度越大，韧性越差。生铁的含碳量在2%—4.3%，炼钢就是用一氧化碳和铁的氧化物将生铁中多余的碳和杂质转变为气体和炉渣除去，在它的含碳量降低到0.03%—2%时，生铁就炼成了钢。现在，韧性这一概念已经在心理学中被广泛运用，它指的是人在压力下能够复原和成长的心理机制。由此推广开去，韧性对于人来说，意味着顽强持久的精神和坚忍不拔的意志。

这里，我们研究的是制度的韧性。旧中国是一个一盘散沙的社会，既谈不上刚性，也无所谓韧性。新中国把人民群众组织起来，形成了自力更生、奋发图强的巨大力量。但是，由于我们对于怎样治理一个人民当家作主的国家和社会没有经验，加上苏联模式的影响，逐渐建立了一个经济政治等各个方面权力高度集中、又以阶级斗争为纲的刚性社会。这样的社会结构，在外部冲击下具有很强的抵抗力和生命力，但在外部形势缓和或敌对势力采用和平演变的方式下，内部各种矛盾就会导致国家和社会发生结构性的断裂。这就是苏东国家经历的剧变。我们党早在20世纪50年代就已经注意到这种危险性，当年毛泽东发表《论十大关系》、《关于正确处理人民内部矛盾的问题》等文章，就是要克服这种危险性。特别是，他提出，“我们的目

标，是想造成一个又有集中又有民主，又有纪律又有自由，又有统一意志、又有个人心情舒畅、生动活泼，那样一种政治局面”，就是为了建立一个既有刚性又有韧性的社会主义制度。改革开放一开始，邓小平、陈云等老一辈革命家就在党的十一届三中全会上重申了毛泽东这一社会制度改革目标。

为了实现这一目标，改革开放以来，我们进行了长期的探索。在推进经济体制改革、探索社会主义市场经济的过程中，我们逐步理清了政府与市场的关系；在探索社会体制改革的过程中，我们又逐步明确了政府与社会的关系。这样，就形成了政府、市场、社会三者既各自独立又相互联系的国家治理结构。用几何图形来描绘，这是一个三角形的结构。而且这个三角形的三条边都是流动的互动的，即政府与市场、政府与社会、市场与社会之间都是相互作用的，因此，这个结构不仅具有三角形的稳定性，而且是一个具有内在张力的稳定结构。还要指出的是，在改革开放过程中，我们既强调要始终坚持党的领导，又探索党的领导方式和执政方式的创新，提出党与政府、市场、社会之间要形成一种新型的领导关系。这样，就在政府、市场、社会构成的三角形之上又有党在上领导，党和政府、市场、社会之间也有一个互动的关系，于是就形成了一个三棱形的有张力的国家治理结构。在这样的治理结构中，我国正在逐步形成“又有集中又有民主，又有纪律又有自由，又有统一意志、又有个人心情舒畅、生动活泼，那样一种政治局面”。

这样的国家治理结构，不仅具有抵御各种风险的刚性，而且具有在内力分裂和外力冲击下始终坚忍不拔而不断裂的韧性。这是我们对于中国特色社会主义制度之所以那么自信的基本根据。

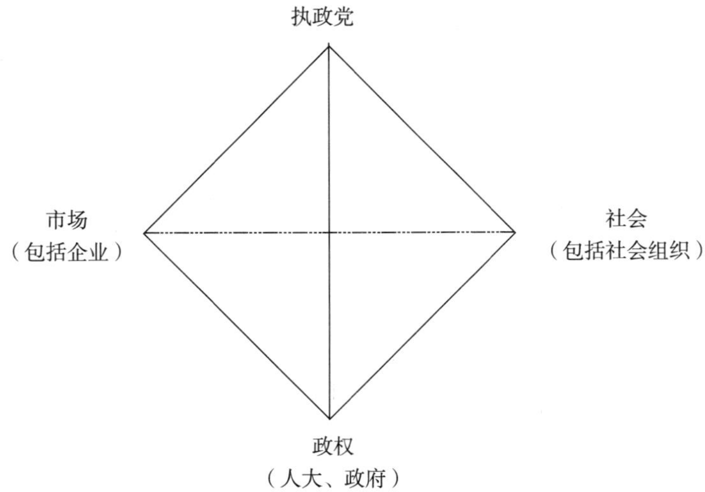

国家治理体系示意图

三、韧性之源：历史和文化积淀

中国特色社会主义的制度韧性，不仅来自我们的改革开放及其形成的国家治理结构，还有更为深刻的来源：一是我们的历史；二是我们的文化。

从历史来讲，中国政权的稳固源自我们的政治发展有其独特的民主路径。我们都知道，中国革命是在争取民族独立和人民解放、求得国家富强和人民幸福的历史大背景下发生的，领导这一革命的中国共产党不仅以中国的无产阶级为自己的阶级基础，而且要通过最广泛的统一战线团结和联合最广泛的革命力量，这就使得中国共产党在成为执政党以后能够继续同各个民主党派保持友党的关系。在抗日战争即将胜利之际，我们曾经提出战后应顺应民意，建立包括国民党、共产党和中国民主同盟在内的联合政府。但是蒋介石国民党政府一意孤行，发动内战，妄图建立国民党一党专制的独裁政权。而共产党在解放战争取得决定性胜利的历史时刻，继续坚持统一战线，通过召开人民政协，民主建政，协商建国。新中国建立后，我们依然没有按照苏联模式建立一党制的国家，而是形成了中国共产党领导的多党合作和政治协商的政党制度，在建立人民代表大会制度的同时继续发挥人民政协的作用，实行了选举民主和协商民主相结合的中国特色民主。这一独特的民主政治路径，从根本上决定了中国的政治制度是有自己特色的社会主义政治制度，决定了中国可以在完善这一制度的进程中使之成为一个融刚性与韧性于一体的政治制度。这就是为什么西方一些人老希望我们的政权崩溃，而总是一次又一次失望的重要原因。

从文化来讲，中国的社会主义得人心源自我们的制度深深扎根于我们的文化之中。我们的文化，是一个既有自己鲜明民族特点又有突出包容开放功能的文化。我们研究马克思主义在中国传播的历史，可以发现这种科学社会主义对于中国人来讲并非完全陌生。它最初被中国人归入“大同学”，是一种“安民新学”。当时，接受过“天下为公”的“大同”思想熏陶的知识分子，不少人对于马克思主义格外青睐，就因为马克思主义与中国优秀文化传统有许多相契合之处。而我们今天开辟的中国特色社会主义道路，“中国特色”既反映了中国的基本国情和中国人民建设社会主义的实践经验，又体现了中国文化特别是中国人思维方式的特点。因此，习近平总书记指出：“宣传阐释中国特色，要讲清楚每个国家和民族的历史传统、文化积淀、基本国情不同，其发展道路必然有着自己的特色；讲清楚中华文化积淀着中华民族最深沉的精神追求，是中华民族生生不息、发展壮大的丰厚滋养；讲清楚中华优秀传统文化是中华民族的突出优势，是我们最深厚的文化软实力；讲清楚中国特色社会主义植根于中华文化沃土、反映中国人民意愿、适应中国和时代发展进步要求，有着深厚历史渊源和广泛现实基础。”

这种历史的力量、文化的力量，是无形的，但又是非常强大的。它决定了我们的制度具有特殊的刚性和韧性，是任何外部力量压不垮、推不翻的。

四、韧性关键：执政党的先进性

当然，我们讲中国特色社会主义制度具有这样的优越性，并非没有危机意识。我们始终认为，能否充分发挥我们制度的优势，关键取决于我们的执政党中国共产党能否始终保持自己的先进性。值得庆幸的是，中国共产党是一个具有自我革新精神、自我净化功能的党，能够主动适应实践和时代的变化，不断与时俱进。

在某种意义上，我们可以说，中国特色社会主义制度的韧性来自于中国共产党的特质和优点。中国共产党在自己90多年发展历程中，经历了胜利和失败、辉煌和曲折，形成了许多自己的特质和优点。中国共产党既有为人民服务的价值观，又有实事求是的思想路线，是一个为民主和科学而奋斗的政党；既立足于中国的基本国情，又能够顺应世界发展进步潮流，是一个具有世界眼光和战略思维的政党；既坚持党内民主，又坚持党的集中统一，是一个能够吸引和凝聚民族精英的政党；既有原则性，又有灵活性，是一个敢于斗争又善于应对各种困难和风险的政党；既能够为人民坚持真理，又能够为人民修正错误，是一个真正没有私利的政党；既重视学习，又善于学习，是一个能够在不停顿的学习中提升自己的素质和能力的政党。正是这些特质和优点，决定了中国共产党是一个具有无限生机和活力的政党。因此，中国共产党的发展过程虽然很不寻常，不仅面临着来自外部的困难和风险，而且还常常遇到来自内部的不同意见甚至不同路线的挑战，以及党员变节、干部腐败等严重问题的考验。但是我们党具有的内在“抗体”和与时俱进的品质，能够在自觉清除自身肌体中的垃圾和毒瘤过程中保持生机和活力，朝气蓬勃地向前发展。那些力图唱衰中国的人，看不到中国共产党的特质和优点，一叶障目，必定得不出正确的结论。

因此，我们在建设中国特色社会主义的道路上，必须坚持习近平总书记提出的“治国必先治党，治党务必从严”的理念，以保持党的先进性来增强对于中国特色社会主义的道路自信、理论自信、制度自信。

在本书第二章结尾时，我曾经写道：尊重历史的辩证法，不仅要把“治理什么样的国家，怎样治理国家”这一问题作为坚持和发展中国特色社会主义的重大课题提出来，而且要深入研究今天在治国理政中要解决哪些问题，要处理好哪些辩证的关系。实践告诉我们，在中国这样一个有 13 亿多人口并有悠久历史文化传统的大国治好国理好政，就要围绕正确把握治国理政的主体和客体各自的内涵及其相互联系的特点，正确处理好治国理政的各个方面的基本关系。特别是，一要正确认识和处理好信仰与理想、目标之间的关系；二要正确认识和处理好治党与治国、治军的关系；三要正确认识和处理好制度与国家治理体系、治理能力的关系；四要正确认识和处理好民主与法治、德治的关系；五要正确认识和处理好党的领导与政府治理、市场治理、社会治理的关系。从全书第三章到第七章，分别论述了治国理政的五大关系，并指出前面四大关系讲的是治国理政的“主体论”、“客体论”及其相互关系中形成的“制度论”、“治理论”。那么，本章论述的是什么呢？是治国理政的“运行机制论”，其中，强调中国共产党的正确领导是关键。

第八章

为谁治理，怎样治理？

党中央在部署学习以习近平同志为核心的党中央治国理政新理念新思想新战略的时候，提出了一个非常重要的要求。这就是，不仅要深入领会其丰富内涵和核心要义，还要深入领会贯穿其中的马克思主义的立场观点方法。立场观点方法的问题，回答的就是这个问题：我们治国理政，是为谁治理，怎样治理？事实上，我们在全书各个章节讨论的都是这个问题，这里着重从“立场、观点、方法”讨论这个问题。只有这样从哲学层面进行深入讨论，才能掌握党中央治国理政新理念新思想新战略的思想精髓。

为谁治理，怎样治理？学习和研究以习近平同志为核心的党中央治国理政的立场观点方法，我们注意到有六个显著特点：以人民为中心、理想信念坚定、实干兴邦、辩证思维、历史思维、世界眼光。

以人民为中心

人民，在习近平总书记的心头，具有至高无上的地位。他在担任总书记之前，就在“权为民所用”之前加了“权为民所赋”这句十分重要的话。他说:“权力观是关于国家和社会权力的根本观点。马克思主义权力观，概括起来是两句话：权为民所赋，权为民所用。前一句话指明了权力的根本来源和基础，后一句话指明了权力的根本性质和归宿。全心全意为人民服务，是我们党的唯一宗旨，也是马克思主义权力观同资产阶级权力观的根本区别。”① 我们手中掌握着这样那样权力的人，一定要牢记这一教诲，不要把人民群众视作草芥。党的十八大报告中第一次把“坚持人民主体地位”作为“夺取中国特色社会主义新胜利的基本要求”中第一条要求提出来。② 在党的十八届五中全会提出的制定“十三五”规划的建议中，“坚持人民主体地位”也是必须遵循的第一条原则。③ 由此可见，“以人民为主体”是习近平总书记治国理政的基本原则，是他在治国理政中处理各种复杂问题的出发点和落脚点。在一些干部中存在的“乱作为”、“不作为”问题，究其根源，就在于没有真正确立起“以人民为主体”的思想。因此，在治国理政中，最重要的，就是要把“为民务实清廉”的价值追求深深植根于我们的思想和行动中。

---

① 习近平:《在中央党校2010年秋季学期开学典礼上的讲话》(2010年9月1日),《学习时报》, 2015年7月21日。

② 胡锦涛:《坚定不移沿着中国特色社会主义道路前进，为全面建成小康社会而奋斗》，人民出版社，2012年版，第14页。

③《中共中央关于制定国民经济和社会发展第十三个五年规划的建议》，人民出版社，2015年版，第5页。

理想信念坚定

以习近平同志为核心的党中央治国理政新理念新思想新战略贯穿着一个坚强的精神内涵，这就是信仰和信念的力量。他常说：“理想信念是共产党人精神上的‘钙’，理想信念坚定，骨头就硬；没有理想信念，或理想信念不坚定，精神上就会‘缺钙’，就会得‘软骨病’。”“事实一再表明，理想信念动摇是最危险的动摇，理想信念滑坡是最危险的滑坡。”[①] 他之所以反复强调在治国理政中要坚持中国特色社会主义这一主线，就是要求全党坚定共产主义远大理想，真诚信仰马克思主义，矢志不渝为中国特色社会主义而奋斗。对于我们担负着领导责任的各级领导干部来说，坚定的理想信念，一要对党对社会主义对人民绝对忠诚，二要有担当的使命感和责任心，真正做到“千磨万击还坚劲，任尔东西南北风”。

实干兴邦

务实，是习近平总书记的从政特点。无论是他在福建工作时出版的《摆脱贫困》，还是他在浙江工作时写下的《之江新语》中，都可以看到这一鲜明特点。在他担任总书记和国家主席后，这一思想作风和工作作风就成为他治国理政的风格和特点。特别是，在他提出为实现民族复兴的中国梦而奋斗的理想追求时，以非常明确的语言告诫我们：“空谈误国，实干兴邦。”他在同全国劳动模范代表座谈时，再次强调：“幸福不会从天而降”，“实干才能梦想成真”。如果说这些论述反映

① 习近平：《在全国组织工作会议上的讲话》，《习近平总书记重要讲话文章选编》，党建读物出版社、中央文献出版社，2016 年版，第 60 页。

了他的思想，那么十八大以来他的行动则更进一步体现了他实干的治国理政风格。十八大以来极不平凡的 5 年，他带领我们脚踏实地地迈出了四大步：第一步，在十八大确定了全面建成小康社会和全面深化改革开放的目标；第二步，在大量调查研究基础上进行决策，并通过十八届三中、四中、五中、六中全会先后制定全面深化改革、全面依法治国、全面建成小康社会、全面从严治党的目标任务和路线图；第三步，在每一次中央全会后立刻根据全会提出的目标任务给各部委下达分解任务，有的综合性任务还建立相关的协调或领导机构负责落实，并形成具体实施意见；第四步，一项一项抓落实，并组织督促检查，发现问题及时研究解决。这就是他说的“一张好的蓝图一干到底，切实干出成效来”的实干精神，就是他说的“钉钉子精神”。因此，这几年，无论是改革发展，还是反腐败，习近平总书记都是雷厉风行地抓，踏踏实实地干，这是大家有目共睹的事实。

辩证思维

习近平总书记非常重视学习马克思主义哲学，带领政治局领导一起学哲学。在治国理政过程中，他更是坚持按照辩证唯物主义的辩证思维，进行顶层设计和战略部署。唯物辩证法强调，要用客观的全面的联系的发展的观点认识世界和改造世界。习近平总书记治国理政的辩证思维有四个显著特点：一是重视系统思维。比如，他强调的“全面深化改革”，就是把各方面改革作为相互联系的一个系统工程来认识和处理的。又比如，他关于总体国家安全观的思想，也是把各方面的安全作为一个整体来考虑和安排的。二是重视战略思维。他在处理复杂问题时，既注意细节，更重视全局的长远的考虑，比如，他提出的

“四个全面”战略布局，又比如，他关于供给侧结构性改革要把握好各种复杂关系的论述，都体现了他的战略思维特点。三是重视底线思维。底线思维，就是在任何问题上都要保持政治上的清醒和坚定。过去有人把辩证法看作是“变戏法”，这是对唯物辩证法的极大曲解。习近平总书记强调，无论在维护国家安全和社会安定时，还是在处理国内问题、加强党的建设时，都要强化底线思维，要有自己的政治定力。四是重视创新思维。辩证法告诉我们，实践是不断发展的，对事物本质的认识也是不断深化的，因此，人们对世界的认识和改造永远不会停留在一个水平线上，创新是一个国家兴旺发达的不竭动力。在 2015 年和 2016 年“两会”上，习近平总书记两次在上海代表团参加讨论时，都强调创新。他说，创新发展理念首要的是创新。同时，他身体力行，在治国理政的决策和实践中，都坚持创新思维。他治国理政的重要目标就是要把中国建设成为一个创新型国家。

历史思维

习近平总书记重视马克思主义哲学，不仅重视学习辩证唯物主义，而且重视学习历史唯物主义。事实上，他在组织政治局集体学习时，先学的就是历史唯物主义。我们知道，习近平总书记是一个具有广博历史知识和深厚文化修养的马克思主义政治家，因此，他的治国理政思想中具有浓厚的历史思维特点。一次，在回答外宾提出的问题时，他说：“我们从哪里来？我们走向何方？中国到了今天，我无时无刻不提醒自己，要有这样一种历史感。”[①] 他在北京大学同师生座谈时，也曾

①《人民日报》，2016 年 1 月 5 日。

说过："一个民族、一个国家，必须知道自己是谁，是从哪里来的，要到哪里去，想明白了、想对了，就要坚定不移朝着目标前进。"他一再强调：中国的今天是从中国的昨天和前天发展而来的。要治理好今天的中国，需要对中国历史和传统文化有深入了解，也需要对中国古代治国理政的探索和智慧进行积极总结。把现在的事同历史的逻辑发展联系起来，并对未来的发展做合理的预测，是习近平总书记思维方式的重要特点，也是他治国理政的重要特点。他明确地说过："中华传统文化源远流长、博大精深，中华民族形成和发展过程中产生的各种思想文化，记载了中华民族在长期奋斗中开展的精神活动、进行的理性思维、创造的文化成果，反映了中华民族的精神追求，其中最核心的内容已经成为中华民族最基本的文化基因。"[①]他提出"文化基因"说，是为了坚守和弘扬中华民族优秀的文化传统，更好地团结全体中华儿女为实现中华民族伟大复兴、破解现代化进程中的难题而奋斗。

世界眼光

习近平总书记的历史思维是和世界眼光联系在一起的。他说过："世界潮流，浩浩荡荡，顺之者昌，逆之者亡。纵观世界历史，依靠武力对外侵略扩张最终都是要失败的。这就是历史规律。"[②]他在治国理政过程中，十分重视对当今世界大变局的观察和研究，同时又善于把世界的变动和历史规律联系起来，用这样一种世界眼光处理我们遇到的各种国内外复杂问题。中国大局和世界大局，这两个大局是他治国

① 习近平：《在十八届中央政治局第十八次集体学习时的讲话》，《人民日报》，2013 年 10 月 14 日。

② 习近平：《更好统筹国内国际两个大局，夯实走和平发展道路的基础》，《习近平谈治国理政》，外文出版社，2014 年版，第 248 页。

理政的重要出发点。至于他关于“和平、发展、合作、共赢的时代潮流”、“利益共同体”、“人类命运共同体”等论述，关于他提出的构建新型大国关系的主张，坚持亲、诚、惠、容的周边外交理念，树立亚洲安全观，坚持理性、协调、并进的核安全观，等等，更是体现了他的世界眼光。

这就是贯穿在以习近平同志为核心的党中央治国理政新理念新思想新战略中的立场观点方法及其特点。这六个特点中，第一、第二两点，讲的是我们在治国理政中必须坚持的基本立场和基本观点；从第三点到第六点这四点，讲的则是我们在治国理政中必须坚持的基本观点和基本方法。正是由于中国共产党在治国理政中能够坚持这样的马克思主义的立场观点方法，才能够在中国这样一个国情复杂的大国推进国家治理体系和治理能力现代化，完善和发展中国特色社会主义制度。

我们在学习习近平新时代中国特色社会主义思想，深入研究和总结党中央治国理政新理念新思想新战略的时候，也一定要结合自己从事的各个岗位上的工作，学习、学懂、学会这样的马克思主义立场观点方法，增强工作的科学性、预见性和主动性，更好地坚持和发展中国特色社会主义。

结束语

书终于写完了，心头突然感到轻松了许多。与此同时，脑海中浮现出这几年学习研究党中央治国理政新理念新思想新战略的点点滴滴。

记得党的十八大召开后不久，中国各地出现了一个学习习近平总书记系列重要讲话的热潮。有意思的是，当时中央还没有印发学习资料，各地都是自己从媒体公开发表的文章和新闻中收集编印内部学习资料。比如，有个地方的市委宣传部查阅了习近平总书记公开发表的讲话近百篇，选取了其中 34 篇具有代表性的讲话（包括一部分新闻稿），供当地干部学习。这种学习自觉性是此前多年没有的。

作为一名理论工作者，我联系改革开放以来的实践经验和存在的问题，也学习了这些讲话。一个深切的体会是，这些讲话回答了一个极其重要的时代性重大课题：在建设中国特色社会主义过程中，我们应该治理一个什么样的国家，怎样治理国家？

2013 年 11 月 8 日，在黑龙江省的一次讲座中，我第一次同大家交流了这一学习研究的心得体会，并对习近平总书记系列重要讲话中的治国理政思想作了初步的梳理，对这些科学思想的逻辑联系也作了初步的分析。后来边学习边充实，又在多地做过这一主题的演讲。2014 年 3 月，应外文出版社之邀，我以这个讲稿为基础形成了一部书稿《解读习近平治国理政思想》。

这部书稿显然需要进一步充实，当时没有出版。让人十分高兴的是，那年 10 月，外文出版社出版了《习近平谈治国理政》一书，为我们学习研究习近平系列重要讲话中的治国理政思想提供了一个权威的文本。2015 年 8 月 29 日，在中国浦东干部学院召开的一个研讨会上，我以《时代大潮和习近平治国理政思想》为题作了一个演讲，其中谈了学习研究《习近平谈治国理政》的体会。我在演讲中说道："我们要学习和研究治国理政思想，就要认真学习和深入研究党中央自十八大以来的全部实践和全部理论，包括习近平总书记的系列重要讲话和党的历次全会以及其他重要会议的重要文献，也包括中央其他领导人的重要讲话。其中，《习近平谈治国理政》是习近平担任党和国家领导人后出版的第一部著作。这部著作，比较全面地体现了当今时代背景下中国特色社会主义理论创新的最新成果，应该是我们研究以习近平为总书记的党中央治国理政思想的重要文本。"

2016 年 2 月 28 日，当我读到新华社电讯时，眼前一亮。因为这个电讯说：近日，中共中央办公厅印发了《关于在全体党员中开展"学党章党规、学系列讲话，做合格党员"学习教育方案》，并发出通知，要求各地区各部门认真贯彻执行。中办印发的这个学习教育方案强调，"要用习近平总书记系列重要讲话精神武装全党，认真学习以习近平为总书记的党中央治国理政新理念新思想新战略。"对于长期来一直关注并研究着党中央治国理政思想的我来说，这是一个巨大的鼓舞。因为，这是党的文件中第一次提出要学习"治国理政"思想。

这以后，我不仅认真学习和研究党中央十八大以来提出的治国理政新理念新思想新战略，而且联系实际深入思考了当代中国的国家治理问题。这样，把学习理解党中央的治国理政新理念新思想新战略和研究现实问题结合起来，思考越来越深入，积累的想法也越来越多。老领导郑必坚同志主持的国家创新和发展战略研究会在组织编写"读懂中国”丛书时，希望我能够把近年来学习研究以习近平同志为核心的党中央的治国理政新理念新思想新战略的体会写出来，尽管我知道要高质量完成这一任务很不容易，但还是接受了写作任务。读者面前的这本小书，就是在这样的背景下写出来的。

说明这个“背景”，是要告诉读者，这部书是在党的十九大前写的，总结的是十八大以来党中央治国理政的实践及其形成的新理念新思想新战略。党的十九大后，我在学习十九大报告时重读这部书稿，并以十九大确立的习近平新时代中国特色社会主义思想为指导审视书稿中的观点，让人庆幸的是，全书立论和各章节的基本观点都站稳了。同时，我也根据十九大提出的新思想新方略包括新概念新想法对书稿作了修订。

在坚持和发展中国特色社会主义的历史进程中，治理好中国这样一个大国，是一个需要多少代人才能完成的大业。至于研究工作，更是任重道远。我写这本小书，只是抛砖引玉，希望更多的人能够关注这个课题，研究这个课题，写出高质量的大著。

2017 年 1 月 20 日

写于北京昆玉河畔

2017 年 12 月 10 日

改于上海国际会议中心

图书在版编目（CIP）数据

治理什么样的国家，怎样治理国家？ / 李君如著. —
北京：外文出版社，2018.2
（读懂中国）
ISBN 978-7-119-11412-5

Ⅰ. ①治… Ⅱ. ①李… Ⅲ. ①中国特色社会主义—社会主义建设模式—研究 Ⅳ. ①D616

中国版本图书馆 CIP 数据核字（2018）第 040749 号

本丛书列入国家社会科学基金重大委托项目和
《"十三五"国家重点图书、音像、电子出版物出版规划》项目

出版策划：国家创新与发展战略研究会
出版指导：陆彩荣　徐　步
出版统筹：胡开敏　于　瑛　曾惠杰

责任编辑：文　芳
装帧设计：柏拉图创意机构
印刷监制：冯　浩　章云天　秦　蒙

治理什么样的国家，怎样治理国家？

李君如 **著**

出 版 人：徐　步
出版发行：外文出版社有限责任公司
地　　址：中国北京西城区百万庄大街 24 号　　邮政编码：100037
网　　址：http://www.flp.com.cn　　电子邮箱：flp@cipg.org.cn
电　　话：008610-68320579（总编室）　　008610-68996158（编辑部）
008610-68995852（发行部）　　008610-68996183（投稿电话）
制　　版：北京杰瑞腾达科技发展有限公司
印　　刷：北京盛通印刷股份有限公司
经　　销：新华书店 / 外文书店
开　　本：700mm × 1000mm　1/16　　印　　张：16.25　　字　　数：200 千字
版　　次：2018 年 7 月第 1 版第 2 次印刷
书　　号：ISBN 978-7-119-11412-5
定　　价：55.00 元